PROACTIVIDAD COMERCIAL

PROFIT
editorial

Profit Editorial, sello editorial de referencia en libros de empresa y management. Con más de 400 títulos en catálogo, ofrece respuestas y soluciones en las temáticas:

- ● Management, liderazgo y emprendeduría.
- ● Contabilidad, control y finanzas.
- ● Bolsa y mercados.
- ● Recursos humanos, formación y coaching.
- ● Marketing y ventas.
- ● Comunicación, relaciones públicas y habilidades directivas.
- ● Producción y operaciones.

E-books:
Todos los títulos disponibles en formato digital están en todas las plataformas del mundo de distribución de e-books.

Manténgase informado:
Únase al grupo de personas interesadas en recibir, de forma totalmente gratuita, información periódica, newsletters de nuestras publicaciones y novedades a través del QR:

Dónde seguirnos:
 | @profiteditorial

   | **Profit Editorial**

Ejemplares de evaluación:
Nuestros títulos están disponibles para su evaluación por parte de docentes. Aceptamos solicitudes de evaluación de cualquier docente, siempre que esté registrado en nuestra base de datos como tal y con actividad docente regular. Usted puede registrarse como docente a través del QR:

Nuestro servicio de atención al cliente:
Teléfono: **+34 934 109 793**

E-mail: **info@profiteditorial.com**

CÉSAR PIQUERAS

PROACTIVIDAD COMERCIAL

El empuje que necesitas para vender más

Todas las publicaciones de Profit están disponibles para realizar ediciones personalizadas por parte de empresas e instituciones en condiciones especiales.

Para más información, por favor, contacte con: info@profiteditorial.com

Diseño de cubierta: XicArt
Maquetación: Montserrat Minguell

ISBN: 979-13-87796-64-8
Depósito legal: B 4746-2026
Primera edición: Mayo, 2026

Impresión: Gráficas Rey
Impreso en España / *Printed in Spain*

Contenido

PRIMERA DIMENSIÓN
MENTALIDAD

SEGUNDA DIMENSIÓN
PROPÓSITO

TERCERA DIMENSIÓN
INDICADORES

CUARTA DIMENSIÓN
EL CAMINO

1
Proactividad comercial

Si tienes este libro en tus manos es porque, de alguna forma, sabes que puedes mejorar en el área comercial y conseguir que tus ventas aumenten. Quizás hayas adquirido a lo largo de los años una gran experiencia en el arte de la venta y sepas bastante bien cómo actuar cuando estás con un cliente, o quizás no tengas tanta experiencia y te gustaría mejorar y ganar más proactividad, que en definitiva significa actividad comercial provocada por ti.

Este libro está dirigido a personas con mucha o poca experiencia en el área de las ventas, pues lo de ser proactivos poco tiene que ver con los años de andadura. A veces me encuentro con personas experimentadas que se han acomodado y dejan de ser proactivas, pero también con otras que, recién llegadas a la carrera comercial, necesitan algunos consejos para saber por dónde empezar.

En este libro te hablaré de la clave más importante en el mundo de las ventas: lanzarte hacia la actividad comercial y evitar la parálisis que sufren muchos comerciales.

No importa si eres un trabajador autónomo, empresario o comercial por cuenta propia o ajena, la proactividad comercial es fundamental para todas aquellas personas que quieren mejorar en el ámbito de las ventas. Tanto ellos como sus equipos se pue-

den encontrar con algunas dificultades para tener resultados só-
lidos, confiables y constantes.

En esta obra te presento un acrónimo que nos muestra cuatro
fases que seguir cuando queremos ser comerciales proactivos.
He elegido un acrónimo en forma de frase porque ello nos ayuda a
recordar los cuatro pilares fundamentales de la proactividad comercial. De esta forma, en la primera parte del libro te ayudo a entender
la necesidad del enfoque proactivo en la venta, mientras que en las
siguientes desgloso esos cuatro pilares que conforman el acrónimo y que resulta necesario comprender bien a fondo.

Además, la obra contiene muchos recuadros de texto en los
cuales hay una reflexión movilizadora o una acción inmediata.
Pero ¿qué son realmente? Las reflexiones movilizadoras son momentos del libro en los cuales te pido que realices una pequeña
pausa para pensar sobre algo relevante o responder a una pregunta. Lo importante de este libro no es que lo leas de corrido,
sino que puedas concienciarte y aplicar todo lo que aprendes con
él. Por este motivo, hay ciertos momentos en los que te recomiendo parar y reflexionar sobre algo o dar respuesta a una pregunta
que te formulo.

Con las acciones inmediatas te pido que pases a la acción haciendo algo que te puede sacar un poco de tu zona de confort, pero
que te ayudará a avanzar en tu cometido. Son pequeños retos realistas que te ayudarán enormemente si los llevas a cabo.

Si me he decidido a escribir este libro es porque soy consciente
de que en el área de las ventas existen muchas dificultades, pero
una de las más comunes para muchas personas es lanzarse a realizar la venta en sí: ir, hacer una llamada, enviar un correo, presen-
tarse en el lugar donde está el cliente... Y lo escribo, como el resto
de mis obras, no porque crea que puedo escribir un libro sobre un
tema interesante, sino porque este me atañe muy de cerca y durante
muchos años he tenido que poner remedio a la necesidad de aumen-
tar la proactividad comercial.

Desde el año 2007 vendo mis propios servicios, y desde entonces hasta hoy he creado una pequeña empresa en la que yo soy el
producto y varias personas de mi equipo me asisten para que todo

salga a la perfección. Nuestros servicios consisten en que yo realizo conferencias y programas de formación para las empresas más grandes y conocidas, las cuales nos piden ayuda para mejorar en las ventas, el liderazgo, la productividad, la comunicación o la motivación.

La cuestión es que, aunque nuestros clientes se fidelizan y repiten, y la marca César Piqueras tiene cada vez más visibilidad y reputación, lo cual nos atrae muchos clientes, el éxito nunca está asegurado para los años venideros. Digamos que nunca he sabido si el próximo año será bueno o no, pues un cliente no te suele confirmar con doce meses de antelación, y eso me ha mantenido intranquilo en muchas ocasiones.

Es por este motivo que, desde hace años, vengo trabajando en mi proactividad comercial y en la de mi equipo como una herramienta a través de la cual el futuro esté, en lo posible, bastante más garantizado. Por tanto, cuando hablo de proactividad comercial es porque conozco de cerca los porqués, sus pros y sus contras, y sus dificultades y beneficios.

Es evidente que el futuro no siempre se puede garantizar, que pueden pasar cosas no previstas, que puede desatarse una pandemia, estallar una guerra o iniciarse una crisis económica que nos afecte a casi todos negativamente. Aunque, como sabes, hay cosas que quedan fuera de nuestro control y otras que quedan dentro. Mi deber profesional es ocuparme de todo aquello que esté dentro de mi control para asegurar la prosperidad y el crecimiento de mi equipo, de mi empresa, de mí mismo.

Además, como padre de familia con dos niños siempre he pensado que una de mis responsabilidades es, junto con mi mujer, la de proveer a nuestra familia de lo necesario para su futuro y bienestar. Por este motivo, creo que la proactividad tiene que ser un elemento obligatorio para cualquier ser humano, pues de lo contrario nos encontraremos más de una vez con infortunios que podríamos haber previsto, con crisis que nos afectan más de la cuenta y con demasiados altibajos en nuestros resultados.

De forma que, si estás leyendo este libro, es porque buscas más certezas y quieres evitar la incertidumbre. La incertidumbre es algo que, por lo general, pocos seres humanos llevan bien, especialmente cuando empiezan a adquirir ciertas responsabilidades en la vida. Es evidente que uno también puede no hacer nada por ser proactivo comercialmente, abrazar la incertidumbre cada día y dejarse llevar por lo que dicte el mal llamado destino, pero a mí personalmente no me tranquiliza esa idea. Como dice una conocida frase atribuida a Shakespeare: «El destino baraja las cartas, pero nosotros jugamos».

Las personas proactivas gozan de mejores resultados, de motivación y hasta de mejor salud; se las ve más enérgicas y no están acomodadas, sino todo lo contrario, están despiertas, movilizando en su entorno nuevas oportunidades, creando relaciones, generando ventas... A buen seguro que tú quieres ser una de ellas y activar el gen de la proactividad dentro de ti.

¿Qué tipo de empresas y negocios van a sacar mucho partido de este libro?

- Profesionales a tiempo completo del mundo de las ventas, como, por ejemplo, un comercial de una empresa de desarrollos informáticos o de productos de alimentación.
- Personas que forman parte de redes comerciales extensas y necesitan mayor proactividad para hacer su trabajo. A veces son comerciales propios de una empresa, y otras, agentes comerciales externos.
- Personas entre cuyas responsabilidades se encuentra la comercialización de productos y servicios, como, por ejemplo, empleados de banca, seguros, farmacia y otros sectores.
- Profesionales independientes de cualquier sector que realizan actividades profesionales y además tienen que vender sus servicios, como psicólogos, fisioterapeutas, *coaches* o *freelancers*.
- Empresarios medianos y pequeños que quieran hacer que sus negocios tengan mayor prosperidad.
- Directores comerciales y jefes de ventas que quieran hacer que su equipo gane en proactividad.

Ahora, si me lo permites, me gustaría presentarme y ponerme a tu disposición. Mi misión es lograr que cada empresa sea extraordinaria, una meta muy ambiciosa que, como puedes imaginar, no he alcanzado. Por este motivo sigo intentándolo, con la esperanza diaria de poder llegar a más profesionales y empresas, y ofrecerles más herramientas y técnicas para ser mejores. Me puedes seguir desde ya en nuestro canal de YouTube, LinkedIn o Instagram, o en mi pódcast, que encontrarás en diferentes plataformas.

Este libro que escribo es mi número veintinueve; el primero lo escribí en 2008. Escribir es algo que me apasiona y para lo que siempre dedico un tiempo cada año. Nunca escribo sobre algo que no conozco de cerca ni he vivido o experimentado. Primero surge una necesidad dentro de mí; después, durante años acumulo conocimientos y experiencia, poniéndolos al servicio de mis clientes y contrastándolos con la realidad, y cuando me considero una autoridad en ese campo en concreto, me gusta escribir un libro para sintetizar un modelo o una forma de actuar.

Hace años que quería escribir sobre la proactividad comercial, ya que después de trabajar con miles de comerciales en todo el mundo me he dado cuenta de que la llama de la proactividad no se enciende en muchas personas, o se enciende intermitentemente, pero no de forma regular. Y ese será mi objetivo para ti: que enciendas de una vez por todas la llama de la proactividad en las ventas y que, como una antorcha, la puedas portar encendida a lo largo de toda tu vida.

Es posible que después de leer este libro estés interesado en contactar conmigo o con mi empresa para ayudarte a ti personalmente o a tu empresa. Si necesitas mi ayuda, quedo a tu disposición; será un placer atenderte y ayudarte.

Con cariño,

CÉSAR PIQUERAS
excelitas@excelitas.es

2
El mundo es más comercial de lo que imaginas

Si echamos un vistazo a las tendencias actuales en la sociedad, nos damos cuenta rápidamente de que hay una gran oferta de todos los productos y servicios. Si buscas en internet proveedores de cualquier tipo de servicio, estos te aparecerán por decenas. Se percibe de un vistazo que, hoy en día, la oferta es inagotable y que la demanda, es decir, los compradores, pueden elegir quiénes serán sus proveedores de productos y servicios entre muchas pero que muchas opciones.

Hace tan solo un par de décadas, cuando todavía no estábamos tan digitalizados, era más sencillo hacerse un hueco en el mercado, sumado a que nuestra idea de negocio quizás todavía no estaba tan extendida, y eso nos daba cierta ventaja. Los primeros en llegar a un mercado suelen ser los que más partido sacan de este, pero cuando llegan y llegan cada vez más proveedores del mismo servicio, lo único que nos queda es diferenciarnos.

Hace años, por ejemplo, si poseías una gestoría en tu barriada, tenías el negocio asegurado; pero ahora compites contra miles de gestorías *online* y contra otras tantas locales a las que a tus clientes no les importa ir a conocer. Da igual a lo que te dediques, **lo que sí sabemos es que tu competencia es mayor, y esto te pone frente al reto de tener que hacerlo mejor para poder tener cuota de mercado.**

Las sociedades cambian, y las empresas y profesionales necesitan adaptarse a estos cambios. En otros tiempos, si montabas un negocio mediocre de casi cualquier cosa, lo más probable es que te llamaran clientes. Actualmente, en cambio, puedes tener una excelente idea de negocio y materializarla de forma extraordinaria, pero **si no te esfuerzas por venderla, no ocurrirá nada.**

Los desafíos que enfrentan las empresas son ahora mayores que nunca. Si puedes disfrutar de dos años de liderazgo en un mercado, eres un afortunado. Las empresas se quedan obsoletas si no saben adaptarse rápidamente, y toda la organización debe tener en mente la idea de que hay que ser muy buenos comercializando, vendiendo y llamando a nuevas puertas.

Casi todos los sectores se están reinventando y necesitan ser más proactivos. Si miramos a la banca tradicional, por ejemplo, ¿por qué ahora nos ofrecen todo tipo de productos y servicios adicionales? Las entidades financieras también están evolucionando hacia modelos de prestación de servicios de valor añadido no como una opción, sino como un imperativo mediante el cual la entidad puede asegurar su supervivencia y futuro. En estas entidades especialmente la proactividad comercial es muy necesaria.

Incluso las personas que realizan su negocio solo en formato digital tienen que ser proactivas para ganar cuota de mercado. En los últimos años el negocio de los pódcast para ser visualizados o escuchados en plataformas como YouTube, Spotify o Apple Podcasts se ha expandido en todo el mundo, provocando que muchos emprendedores elijan esta opción, la de crear un pódcast con invitados que pueden aportar valor, generando ingresos de publicidad o del propio pago de plataformas como YouTube. En 2020, en España crear un pódcast era casi garantía de éxito, también en

2021 y 2022, pero nos estamos dando cuenta de que, desde entonces, son muchos y muy parecidos los pódcast creados, de modo
que solo hay espacio para los más proactivos, los más visibles y,
quizá, los más veteranos. **La competencia feroz y la necesidad de
ser proactivos para crecer también se hace palpable en los canales
digitales.**

Ante tanta oferta y tantos canales para la promoción, la clave
de la mayoría de las empresas que apuestan por un cambio es desta-
carse de su competencia, ofrecer muy buenos productos y servicios
(así como una experiencia del cliente extraordinaria), y comercia-
lizarlos de la forma más eficaz posible. Y es ahí donde la proactividad comercial entra en escena.

Los profesionales de las ventas, así como casi todas las personas de una empresa, tienen que actualizarse, yendo más allá de la
mera adquisición de conocimientos técnicos sobre sus productos
(más necesaria que nunca) y adquiriendo una actitud comercial a
la altura de lo que demandan las nuevas reglas del juego; viéndose
a sí mismas como comerciales proactivos y asumiendo el reto del
crecimiento comercial que tienen frente a sus ojos.

Si piensas que el mundo actual es comercial, espera a ver lo
que está por venir. El mercado está haciendo una criba constantemente para saber qué empresas se quedan, y está claro que algunas
no la van a pasar.

**Los mercados maduran, y a medida que lo hacen
nuestra necesidad de ser proactivos aumenta,
ya que de lo contrario nos quedaremos obsoletos.**

Puedes negar esta idea, enfadarte con ella o rebelarte contra mí,
pero si no entiendes que el mundo es cada vez más comercial y que
estás en peligro, es posible que, cuando quieras mejorar, ya sea
demasiado tarde.

Puedes marcar la diferencia y ampliar tu capacidad profesional, así como tu empleabilidad futura (también las empresas están

haciendo este tipo de selección natural entre los que pueden y quieren comercializar, y los que no), o quedarte anclado a la mezquina idea de que tú no tienes nada que ofrecer al mundo. En ambos casos, lo conseguirás.

Escribo este libro para poder salvar los negocios y la economía de todas aquellas personas que todavía pueden hacer algo y, sobre todo, para todas aquellas personas y empresas que desean sobresalir.

Reflexión movilizadora

Del 1 al 10, ¿cuál es tu nivel
de proactividad comercial?

¿Qué necesitas hacer más o mejor
para ganar más visibilidad y clientes?

«La proactividad es una actitud en la que se anticipan
los problemas y se toman medidas
para evitar que ocurran».
STEPHEN COVEY

3
El acrónimo

El objetivo de esta obra es que aprendas y apliques lo aprendido en tu vida comercial, ya sea si formas parte de un equipo, tienes una empresa o diriges un equipo comercial que necesita incrementar su proactividad. Lo importante es que lo lleves a la práctica.

Para aplicar algo hay que entenderlo bien, y para entenderlo bien conviene estructurar la información que tenemos delante. Mi propósito como escritor es que puedas memorizar las fases de nuestro proceso para lograr la proactividad comercial, y la mejor forma que he encontrado de hacerlo es a través de un lema, una estructura lingüística simple que nos recuerda algo más complejo.

Nuestro lema es una frase, unas palabras ordenadas que nos mostrarán el rumbo. En esta frase hay cuatro palabras clave que indican los cuatro puntos cardinales o dimensiones para lograr proactividad comercial. La frase que nos sirve de acrónimo es:

La **mentalidad** cuyo **propósito** es **indicarnos** el **camino**.

Y las cuatro palabras clave de este acrónimo, las cuales hacen referencia a cada una de las cuatro partes del libro o cuatro dimensiones de la proactividad comercial, son *mentalidad*, *propósito*, *indicarnos* y *camino*.

Mentalidad

Para abordar un cambio efectivo hacia la proactividad comercial necesitamos, en primer lugar, estar muy mentalizados: estar convencidos de qué beneficios tendrá y ser conscientes de los obstáculos que nos vamos a encontrar y que habrá que superar. Sin una **mentalidad** ganadora y una concienciación importante sobre este tema, la mayoría de las personas no serán capaces de dar el salto hacia la proactividad comercial.

Propósito

Ningún proyecto ambicioso se ha realizado sin un **propósito** detrás. Es importante que conectemos con el motivo de que queramos realizar un cambio de este tipo y con las aspiraciones que nos mueven a lograrlo.

Indicarnos

Esta palabra hace referencia a los **indicadores** necesarios en todo proceso de mejora, especialmente dentro de la venta proactiva, como verás más adelante.

Camino

Cualquier cambio se tiene que poder llevar a cabo estableciendo un camino, una serie de pasos que nos llevarán a tener éxito. En esta última dimensión del libro descubrirás cómo hacerlo.

PRIMERA DIMENSIÓN

MENTALIDAD

4
Los tres poderes

¿Te sentarías en un taburete de dos patas? A buen seguro que preferirías uno que al menos tuviera tres, ¿verdad? En las ventas ocurre lo mismo: necesitamos estabilidad. Para que un comercial tenga éxito duradero, hacen falta al menos tres factores o poderes.

Conocimientos

El primer poder es el conocimiento. El conocimiento es algo, así como todo lo que el comercial **sabe** de algo. Una persona puede aprender y archivar el conocimiento en su memoria. Adquirir un entendimiento exhaustivo sobre el producto o servicio que se ofrece, la empresa que se representa, la competencia, la zona o el mercado en general supone una diferencia significativa en los resultados de un profesional de ventas.

Conocer el producto o servicio a fondo es clave, ya que de lo contrario no contaremos con la autoridad necesaria. Y el cliente, que tiene más información que nunca en su pantalla, no nos verá como personas creíbles que podamos ofrecerle la solución que está buscando.

Conocer la empresa de la que se forma parte es igualmente crucial, ya que el producto o servicio no está solo, sino que es prestado por una organización. Conocer los procesos, procedimientos y entramados internos de la compañía también ayuda a contar con más agilidad y credibilidad.

Al mismo tiempo es necesario conocer a la competencia, lo cual incluye conocer los productos y servicios que ofrecen, sus puntos fuertes y débiles, y sus estrategias de comercialización. Es obvio que no hay que hablar de la competencia, ¡ni tan siquiera nombrarla!, pero conocerla te aportará autoridad para poder argumentar y convencer a tu cliente.

También debemos atesorar el conocimiento de la zona geográfica y del cliente, así como entender el mercado en el que estamos. Nuestro mercado puede tener regulaciones, normativas, cambios, tendencias y un sinfín de características que debemos conocer.

Esta dimensión de los conocimientos es tan solo una de las tres necesarias para tener éxito, y me doy cuenta de que muchas de las personas que trabajan en el mundo comercial no la tienen desarrollada. ¿Cuál es tu caso?

Fundamentalmente, los conocimientos se aprenden a través de la experiencia, pero en ocasiones no tenemos todo el tiempo del mundo para aprenderlos mediante esta. Así pues, lo mejor es invertir en mejorar nuestros conocimientos a través de la curiosidad, formación, lectura e investigación. **Como comerciales que somos, aprender es imperativo.**

Si no estamos deseosos de adquirir nuevos conocimientos, perderemos capacidad de convicción y credibilidad ante nuestros clientes. El conocimiento es poder.

Habilidades

El segundo poder son las habilidades comerciales. Son el **cómo** hacemos para vender. Las habilidades comerciales tienen sentido durante todo el proceso de venta, desde el contacto inicial con el cliente hasta el cierre de la venta y la posventa.

Algunas habilidades clave en la venta son:

- Saber captar la atención del cliente a través del teléfono.
- Saber romper el hielo con un cliente nuevo.
- Crear conexión emocional con los clientes.
- Saber presentar nuestra empresa o propuesta.
- Saber despertar el interés del cliente hacia nuestra solución.
- Saber hacer preguntas poderosas.
- Saber escuchar y empatizar con el cliente.
- Saber argumentar con convicción.
- Saber resolver objeciones con elegancia.
- Saber cerrar ventas.
- Saber fidelizar al cliente y la posventa.

Las habilidades se aprenden practicando y formándose en ventas. Muchos de los *workshops* de ventas que realizo con redes comerciales tienen el objetivo de ayudar a mis clientes a tener más habilidades comerciales. Las habilidades comerciales son extensas, y dentro de ellas hay un gran retorno de la inversión para la empresa que mejore las habilidades comerciales de su equipo.

En mis libros *Venta por relación*, *Supervendedor*, *El vendedor silencioso*, *El gran libro de la venta telefónica*, *El gran libro de la venta de seguros* y *Clientes no, ¡fans!* vas a encontrar detalladas habilidades comerciales necesarias hoy en día.

Actitud

El tercer poder no tiene que ver con lo que vendemos ni con cómo lo vendemos, sino con la **predisposición** que tenemos hacia las ventas. La actitud es nuestra forma de afrontar una situación, y como tal se define como una predisposición. Si, por ejemplo, decimos que Laura tiene actitud comercial, seguramente estaremos queriendo decir que es una persona positiva y proactiva, y que disfruta del hecho de contactar con el cliente y ayudarle, ¿verdad?

La actitud es el poder más difícil de adquirir de los tres poderes del comercial, sin embargo, es un poder que lo condiciona todo, ya que sin actitud no podemos lograr hacer realidad una meta comercial ambiciosa:

- **Ante una dificultad se requiere actitud resiliente.**
- **Ante la falta de resultados se requiere constancia.**
- **Ante la negatividad se requiere positividad.**
- **Ante la estabilidad se requiere proactividad.**
- **Ante la mediocridad se requiere propósito.**

La proactividad comercial es un tema actitudinal en su mayor parte, ya que tiene que ver con nuestra forma de concebir la actividad comercial. Es cierto que también podríamos decir que hay algo de **habilidad** dentro de la proactividad comercial, como, por ejemplo, la habilidad de organizarnos o de priorizar. Pero fundamentalmente nos encontramos ante un tema mental, y depende de nosotros hacer que juegue a nuestro favor, siendo proactivos, o que juegue en nuestra contra, ya que nuestra mente tiene la capacidad de ayudarnos o de todo lo contrario.

Por este motivo no es sencillo cambiar nuestra proactividad comercial, porque es un tema mental. Es como nuestra actitud ante la vida. ¿Podría una persona cambiar rápidamente su predisposición negativa y catastrofista ante la vida por una visión más positiva y apasionada? Seguramente no. Le harían falta años de constante lucha contra sí misma y contra sus propios bloqueos, creencias limitantes y miedos.

Hay una cita que dice: «**Tu actitud determina tu altitud**». Y es que, si queremos llegar más lejos, sobre todo tenemos que invertir en tener la mejor predisposición mental. Desde la positividad, la proactividad, la constancia y el propósito podemos llegar tan lejos como queramos. ¡Hasta el infinito y más allá!

Acción proactiva

Antes de continuar y pasar de capítulo, haz una acción comercial proactiva: llama a un cliente o envía un mensaje para lograr una cita con él la próxima semana.

«La mejor forma de predecir el futuro es creándolo».
Peter Drucker

5
Las tres formas de vender

Muchas personas piensan en la venta como una acción que ocurre sin más: los clientes compran y el acto de vender ha tenido lugar. Esta es una versión muy reduccionista de cómo se ha logrado la venta que, lamentablemente, para mucha gente es la única versión existente.

Sin embargo, como seres curiosos que somos, a todos nos gusta saber por qué ocurren las cosas, qué hay detrás de los buenos o malos resultados y, sobre todo, qué podemos hacer para que los resultados sean excelentes. Después de muchos años en este campo, me he dado cuenta de que hay tres enfoques comerciales y de que, si queremos tener éxito, tenemos que adoptar el mejor.

Venta reactiva

El primer enfoque es la venta reactiva, que como su nombre indica es una venta de reacción. Reaccionamos a lo que nos pide el entorno ofreciéndole lo que nos ha pedido y, por lo tanto, vendiendo. En este tipo de venta el esfuerzo que hemos puesto es muy poco, ya que alguien ha venido a vernos, nos ha contactado o ha entrado en nuestro local o página web; en definitiva, el cliente ha contactado con nosotros.

A veces ocurren estas cosas. De hecho, es bueno que sucedan mucho, ya que a este tipo de venta no tenemos que dedicarle demasiados recursos. Los clientes nos llaman y nosotros les vendemos.

Esto que parece la panacea está bien durante un tiempo, en especial si hay una fuente inagotable de clientes que nos llaman. Pero ¿podría algún día secarse esa fuente? A buen seguro que sí. ¿Qué pasaría si dejaran de llamar esos clientes?, ¿tendríamos las herramientas, método y actitud necesarios para buscar nuevos clientes?

Por otro lado, la venta reactiva nos suele traer clientes que a veces no deseamos, que quizás no son los que nos convienen para crecer. Imagina que tú quieres crecer en proyectos con clientes que aportan valor añadido a tu empresa, bien por el tipo de cliente, por el proyecto o por la rentabilidad. Sin embargo, de forma reactiva entran a tu empresa clientes que no te ofrecen ese plus. La venta reactiva es peligrosa también por esta razón.

Reflexión movilizadora

De los clientes que te llegan de forma reactiva, ¿cuántos de ellos en realidad preferirías no tenerlos??

¿Qué tipo de clientes te gustaría tener?

«Cuando pones las manos para pedir limosna, cualquier persona puede dejar allí lo que quiera». Cuidado con esto, porque muchas empresas y profesionales se quejan de sus clientes y de muchos proyectos que realizan sin caer en la cuenta de que son ellos mismos quienes, a través de la venta reactiva, los han buscado.

En la venta reactiva hay un éxito temporal. Si hemos hecho un buen trabajo de visibilidad y posicionamiento de nuestra marca, nos llegarán clientes, pero no indefinidamente. Recuerda que no siempre serás único; recuerda que vendrá la competencia, que te copiarán y que podrías quedar obsoleto.

En este tipo de venta, además, la energía y las emociones de las personas no son las mejores. A menudo son ese tipo de personas que nos dan mala sensación, como cuando alguien está en un mostrador y te dice con algo de desgana cuando llegas: «¿Qué le pongo?». Quizás en sus comienzos tuvieron pasión y energía, pero con los años las han perdido.

A largo plazo, las empresas que se acomodan en la venta reactiva tienden a desaparecer. Incluso empresas que cuentan con un gran *marketing* y posicionamiento de marca, como podrían ser todas aquellas organizaciones conocidas, del tipo Nespresso, Apple u otras, tienen una gran proactividad en su equipo para lograr crecer y estar más presentes en el mercado.

En el mundo de las inversiones a menudo se dice: «Las rentabilidades pasadas no garantizan rentabilidades futuras». **Cuidado con los éxitos pasados, pues no garantizan éxitos futuros.** Si debido a cualquier motivo has tenido éxito, es una buena señal, pero no te acomodes y empieza a pensar en cómo crecer y mejorar.

El principal problema viene porque pensamos que la estabilidad es una estrategia de supervivencia. Sin embargo, en el mundo comercial, y en el mundo en general, la estabilidad implica pérdida de capacidades, oportunidades y pasión, y a la larga decrecimiento.

Podríamos decir incluso que, como seres vivos, estamos diseñados para la búsqueda de esa estabilidad. Es algo así como invertir los mínimos esfuerzos en que las cosas funcionen, pero, como puedes adivinar, esta es una estrategia perdedora desde el comienzo.

El no crecimiento garantiza el decrecimiento. No hay nada tan peligroso en el área comercial como la estabilidad.

No desdeñamos la venta reactiva, ya que, cuando esta nos conviene, siempre le decimos que sí. Es una venta que ha llegado sin esfuerzo, ¡y bienvenida sea! Lo que haremos aquí será aprender nuevas formas de vender que nos garanticen más prosperidad y futuro.

Venta a impulsos

La segunda forma de vender es la que denominamos *venta a impulsos*, y como su propio nombre indica es una venta que ocurre provocada por nosotros en determinados momentos.

Imaginemos que eres un comercial del sector tecnológico y que la mayoría de las ocasiones tus clientes actuales o potenciales te llaman para que les ayudes en sus proyectos. En esos momentos estás vendiendo y lo haces de forma reactiva. Nada que decir al respecto, aprovecha la oportunidad. Sin embargo, seguramente también te dices a veces: «Voy a llamar a este cliente a ver si necesita algo», y haces una llamada de teléfono a un cliente actual o nuevo. O conoces a alguien en un encuentro entre empresas como la tuya y al día siguiente miras su contacto en LinkedIn y le envías un mensaje para poder iniciar una relación comercial. Entonces, si todo va bien, estás haciendo una venta que provocas tú, y eso es maravilloso.

Este tipo de venta te hace sentir bien, pues de vez en cuando algunas de esas oportunidades comerciales cristalizan y aumentan las ventas gracias a esos momentos en los que has decidido llamar o contactar con alguien.

El problema de los impulsos es fundamentalmente que son eso, impulsos. Imagina una persona que funciona a impulsos en otras áreas de la vida:

- ¿Cómo sería, por ejemplo, ahorrar a impulsos?
- ¿Cómo sería cuidar tu salud a impulsos?
- ¿Qué tal practicar ejercicio físico a impulsos?
- ¿Y tener una relación de pareja a impulsos?

Pronto puedes adivinar que **los impulsos no son lo más conveniente para crear prosperidad y longevidad en nuestros proyectos de vida, y tampoco en el área comercial.**

En términos de ahorro, por ejemplo, se demuestra que la mayor parte de la sociedad ahorra a impulsos, y ese es el motivo principal por el que una gran parte de las personas, cuando llegan a la edad de jubilación, no han logrado ahorrar lo suficiente. Un año les fue bien y ahorraron un poco, luego no ahorraron durante otros años, luego ahorraron otro poco, luego gastaron de más..., y así hasta que, cuando llega el momento de jubilarse, dependen demasiado de lo que el Estado les quiera dar en forma de pensión de jubilación.

Los impulsos son propios del ser humano. Ahora quiero, ahora no; ahora me cuido, ahora no; ahora hago una dieta que me funciona un poco, pero luego aumento de peso mucho más de lo que perdí con la dieta...

En el terreno comercial los impulsos son especialmente peligrosos, pues nos dan la sensación de que lo estamos haciendo bien, pero solo la sensación, porque los resultados no llegan de forma sostenida.

El problema de los impulsos es que, mientras los hacemos, funcionan y nos dan resultados, al igual que, cuando nos cuidamos un poco, vemos los resultados en la báscula o en el espejo. Y son esos mismos resultados los que nos generan una sensación de premio o recompensa, generamos dopamina y nos sentimos enérgicos. ¡Lo he conseguido!, decimos, y entonces al día siguiente dejamos de esforzarnos y empezamos a ir a peor de nuevo.

¿Cuál es la solución para todo esto? La venta proactiva tiene mucho que decir para solucionarlo.

Venta proactiva

La venta proactiva, al igual que la venta a impulsos, es una venta que provocamos nosotros mismos, como su nombre indica, pero a diferencia de esta no se restringe a tan solo algunos momentos, sino que la llevamos a cabo de manera regular.

De alguna forma, el comercial proactivo es aquel que ha conseguido integrar en su modo de funcionar la proactividad, haciendo constantemente acciones para crecer y mejorar sus números.

Como puedes adivinar esto no es sencillo, porque uno no siempre tiene ganas de realizar acciones proactivas. Para ello actuamos de cierta forma, siendo metódicos y bastante disciplinados para el cumplimento de un plan que previamente hemos diseñado.

Por ejemplo, la persona que realiza ejercicio físico de forma proactiva lo hace siguiendo un plan de entrenamiento semanal. La persona que ahorra de forma proactiva sigue cada año un plan de ahorro concreto. La persona que cuida su alimentación sigue una serie de reglas de forma regular mes tras mes, año tras año. Para todas estas personas el plan, el método y las reglas son la clave de su éxito.

«Comienza haciendo lo que es necesario, después lo que es posible y de repente estarás haciendo lo imposible».
SAN FRANCISCO DE ASÍS

6
Características de la venta proactiva

Ahora que ya sabes qué es la venta proactiva y cómo esta se diferencia de otros enfoques comerciales, vamos a ver cuáles son sus principales características definiéndola un poco mejor.

Si tuviera que definir qué es la venta proactiva, diría las siguientes palabras:

**La venta proactiva es un enfoque comercial
basado en la búsqueda constante de nuevas
oportunidades de venta y fidelización,
siguiendo unos métodos claros
y unos indicadores concretos.**

Veamos parte a parte la anterior definición.

Es un enfoque comercial

Como bien hemos comentado en el capítulo anterior, se trata de una forma de proceder que tiene mucho de diferente a otras formas de actuar. Prácticamente todo el mundo puede vender, pero hacerlo de forma proactiva es más complicado, y son menos las empresas o personas que lo hacen.

Desde mi conocimiento de las redes comerciales y profesionales en este campo, ya sean personas independientes o equipos, las estadísticas que extraigo son las siguientes:

- El 55 % de las redes comerciales venden de forma reactiva.
- El 35 % de las redes comerciales venden a impulsos.
- El 10 % vende de forma proactiva.

Como puedes observar según los datos expuestos, no son demasiadas las empresas o profesionales que han integrado esta forma de vender en su ADN.

Basado en la búsqueda constante

Cómo puedes observar en la frase aparece la palabra *constante*. La constancia se ha definido muchas veces como la clave del éxito. Todos sabemos el resultado que puede tener una gota de agua cayendo en una roca durante años. Quizás su poder sea insignificante en el corto plazo, pero a largo plazo es incuestionable.

Usain Bolt decía: «Yo entrenaba cuatro años para correr solo nueve segundos. Hay personas que, por no ver resultados en dos meses, se rinden y lo dejan». Esta frase resume perfectamente lo que consiguen las personas que son constantes: resultados excelentes.

Existe una palabra que en inglés se utiliza más que en castellano; de hecho, en nuestro idioma raras veces se entiende correctamente. Esta palabra es *consistency* o *consistencia*. La consistencia tiene que ver con repetir una y otra vez un comportamiento, con hacerlo de forma consistente, regular y metódica. Al final, las personas que son consistentes logran lo que se proponen.

Además, en la búsqueda constante adoptamos una actitud de continua curiosidad. La persona que busca de forma constante está siempre siendo sorprendida por cosas que pasan, por acontecimientos no esperados que suponen sorpresa y muy a menudo buenas noticias.

Reflexión movilizadora

Piensa en los mayores éxitos que has logrado en tu vida y date cuenta de cómo de importante ha tenido que ser la constancia para lograrlos. La constancia te ha dado muchas de las cosas que hoy valoras, y ahora es el momento de que te ayude a crecer a nivel comercial.

De nuevas oportunidades de venta y fidelización

En la venta proactiva nos centramos en la búsqueda de oportunidades que podamos hacer madurar y convertir en pedidos para nuestra empresa. Se trata de oportunidades de venta con clientes nuevos y también de fidelización con los actuales.

Muchas personas no consiguen clientes nuevos porque sus clientes actuales ya les dan la cuota de negocio que necesitan. Sin embargo, no se dan cuenta de que esto también es una forma de ponerse en peligro, ya que de forma natural los clientes actuales irán desapareciendo tarde o temprano, porque ya no serás su proveedor, porque vendrá la competencia a venderles o por cualquier otro motivo. Por lo que quedarse quieto pensando que tus clientes actuales tienen que pagar las facturas es un error. Los clientes actuales y los nuevos serán la clave del crecimiento, pero hay que buscar nuevas oportunidades en ellos.

Muchas otras personas se centran en abrir oportunidades comerciales con clientes nuevos. Si hacemos esto (que es totalmente necesario y recomendable) demasiado, podemos caer en el error de no fidelizar. Conviene saber que con los clientes hay un momento en el que alcanzamos la velocidad de crucero, que es una velocidad en la cual obtenemos los máximos resultados con pocos esfuerzos.

En consecuencia, una estrategia ganadora es tener un enfoque doble: generar oportunidades con clientes nuevos y generar también oportunidades con los clientes actuales, fidelizándolos todavía más.

Siguiendo unos métodos claros e indicadores concretos

Esta última parte de la definición es quizás la más importante y la que le da efectividad al modelo de venta proactiva. Cuando no existen indicadores, hacemos una venta a impulsos, cuyos resultados sabemos que no son nada parecidos a los de la venta proactiva.

En todo lo que queramos mejorar en la vida tiene que haber indicadores. Si analizas qué supuso la Revolución Industrial para la sociedad en general desde mitad del siglo XVIII hasta la actualidad en términos de crecimiento económico, social y tecnológico, verás que no hay nada similar en toda la historia de la humanidad. Aunque el éxito de la Revolución Industrial se debe a muchos factores de todo tipo, es indudable que uno de ellos fue la mejora de los métodos de producción y medición. Al ser más metódicos con la forma de producir y determinar tiempos de producción e indicadores sobre la misma (calidad, eficiencia, absentismo, etc.), mejora notablemente el *performance* de cualquier industria.

Un equipo comercial o un profesional de la venta no es una industria, pero para que exista el mejor rendimiento también tienen que existir métodos e indicadores. Los métodos tienen que ver con nuestra forma de hacer para lograr la venta proactiva: ¿qué hacemos?, ¿cómo la llevamos a cabo?, ¿cómo nos organizamos?

Estarás de acuerdo conmigo en que, cuando las cosas se complican demasiado, dejamos de hacerlas porque nos cuesta mucho trabajo seguir el método.

Por ejemplo, en cuestiones como la productividad personal y el uso del tiempo, un campo en el que formo a muchas empresas y profesionales, me doy cuenta con el paso de los años de que, cuando complicamos mucho las cosas, las personas dejan de hacerlas y seguirlas. De ahí que tengamos que hacerlo sencillo.

Si para seguir un método debemos realizar mucho esfuerzo, será un método que no nos funcionará a la larga.

Sin embargo, si nuestro método es claro y sencillo, a buen seguro que lo lograremos. Por ejemplo: «Comienza el día anotando las tres tareas más difíciles que tienes que abordar hoy y a las que vas a dar solución». Este método de gestión del tiempo será mucho más efectivo que uno complejo.

En el ámbito comercial conviene que los métodos sean claros y no dejen lugar a dudas. Más que nada porque las personas tendemos a autosabotearnos, como veremos más adelante, y disponer de un método que no es claro es la excusa perfecta para dejar de hacer el trabajo que importa, pues te dirás a ti mismo o a tus responsables: «Me resulta muy complicado seguir el método».

Los indicadores son la clave, pues marcan un objetivo que podemos contrastar cada día con los resultados reales obtenidos. Por un lado, es importante, como veremos en próximos capítulos, que existan objetivos de crecimiento que nos indiquen el lugar al que queremos llegar. Y por otro, resulta fundamental que podamos medir cómo estamos yendo.

Imagina cómo sería intentar perder peso sin tener un objetivo y sin contar con una báscula o cinta métrica. ¿Crees que podrías lograrlo? A buen seguro que podría haber compromiso e incluso buenas intenciones, pero no llegaríamos demasiado lejos.

Al basarse en indicadores, es decir, métricas comerciales de lo que está ocurriendo y necesitamos hacer, la venta proactiva supone un plus de incomodidad para quienes la llevan a cabo, ya que nos sacará de nuestra zona de confort. De ahí la importancia del compromiso.

Acción proactiva

Antes de continuar y pasar al siguiente capítulo, toma una hoja de papel y escribe en ella lo siguiente: «A partir de hoy me comprometo con la venta proactiva, que será la base del crecimiento comercial que tendré en los próximos años».

Después, fírmalo.

«El genio es un 1 % inspiración y un 99 % transpiración».
THOMAS EDISON

7
Formas
de ser proactivos

Algunas personas pueden pensar que ser proactivo implica estar llamando a nuevos clientes constantemente. Esto será así para algunos de nosotros, pero no para todos. De hecho, la proactividad comercial implica hacer todo aquello que sea necesario hacer para poder crecer en ventas. Hay quien lo hará de una forma y hay quien lo hará de otra. Es algo que tenemos que decidir a la medida de nuestro negocio.

Por ejemplo, para un pequeño empresario del sector alimentario supondrá tener reuniones con potenciales clientes para establecer nuevas alianzas.

Para una peluquería la proactividad comercial consistirá en llamar a aquellos clientes que, después de determinadas semanas desde su último corte de pelo o servicio, no han reservado hora para la próxima cita.

Para un comercial de grandes cuentas la proactividad implicará establecer determinados nuevos contactos con grandes cuentas por semana y generar un número concreto de visitas comerciales.

Para una persona que está dentro del mundo digital y sus servicios son exclusivamente digitales, la proactividad puede tener que ver con la creación de campañas cada semana, la publicación de determinados contenidos o cualquier otro factor que le haga crecer.

Y para una persona que recibe clientes en el mostrador de un hotel la proactividad pasa por realizarles determinadas preguntas para ver si logra completar aún más la solución que sus clientes han venido buscando. De esta forma, sus clientes podrían disfrutar del acceso al *spa*, de una excursión de un día completo o de una cena romántica en el restaurante del hotel aprovechando una promoción especial.

Ahora imagina una persona que hace repetidamente lo mismo en su negocio durante años. Por ejemplo, un comercial que cada semana establece veinte nuevos contactos y consigue ocho reuniones comerciales presenciales u *online*. ¿Qué pasará con sus resultados después de cincuenta semanas? Lo has adivinado. El único camino es el crecimiento, y cuando nos centramos en algo y lo hacemos una y otra vez, crecemos.

Sobre todo en la actividad comercial, las personas solemos funcionar a impulsos. Por ejemplo, hace años uno de nuestros clientes publicó un *e-book* muy atractivo con las tendencias en su sector. Fue una herramienta muy útil y de la que hicieron un buen uso en su momento, pero... dejaron de hacerlo. ¿Qué habría pasado si cada seis meses hubiera elaborado un *e-book* del mismo tipo? Pues que en pocos años se habría convertido en un elemento de referencia en su sector.

Yo he escrito treinta libros en los últimos dieciocho años. ¿Qué habría pasado si me hubiera quedado en el primero? Hemos organizado por nuestra propia cuenta más de doscientos seminarios abiertos desde 2008, a los que puede asistir cualquier profesional. ¿Qué habría pasado si solo hubiéramos hecho los primeros diez? Con esto no quiero decir que nosotros seamos especiales o tengamos el éxito asegurado. De hecho, el objetivo no es tener éxito, sino seguir haciendo el camino que nos lleva al éxito. Y solo entonces llegará el éxito.

Tenemos que hacer la proactividad comercial a la medida de nuestro negocio. De nada sirven las fórmulas magistrales elaboradas por algún gurú que no conoce nuestra situación y casuística particular. De hecho, cuando nuestro método de venta proactiva no solo lo tenemos que comprar nosotros, sino también todo nuestro equipo, si el método es surrealista, nos vamos a encontrar con mucha más resistencia de la habitual.

La clave reside en hacerlo lo suficientemente cómodo para que pueda ser adoptado por el equipo y, al mismo tiempo, lo bastante incómodo para que nos haga crecer. Es un equilibrio difícil de alcanzar, pero como verás más adelante se puede conseguir.

Cuando diseñamos nuestro plan de actividad comercial proactiva tenemos que pensar en todas las variables clave que nos harían crecer y que habría que convertir en indicadores.

Por ejemplo, en nuestro caso como empresa la proactividad comercial implica varias cosas a la vez que tienen que ocurrir de forma periódica:

- Tener entrevistas comerciales con personas decisoras en grandes empresas tres veces por semana.
- Elaborar cada mes un número determinado de propuestas comerciales y un volumen de euros ofertado.
- Establecer un número de nuevos contactos cada semana con personas clave, generando una respuesta y estableciendo los principios de una relación comercial.
- Escribir un número determinado de libros cada año, generalmente dos.
- Publicar cada semana dos vídeos en formato horizontal en YouTube.
- Publicar cada día dos contenidos verticales en redes sociales, como Instagram, YouTube Shorts o LinkedIn.

Acción proactiva

¿Qué tipo de variables comerciales tendría
que englobar tu plan de proactividad comercial?
Puedes incluir visitas, oportunidades, contactos,
llamadas, contenidos, etc. No te preocupes aún
del número, pero sí del tipo
de acción necesaria.

«Lo que se puede medir se puede mejorar».
PETER DRUCKER

8
La trampa del éxito

El motivo por el que muchos equipos comerciales no han adoptado la venta proactiva es que hasta ahora les ha ido bien. Y si las cosas van bien, ¿para qué tendrían que mejorar? Quizás a la persona muy sensibilizada con estas cuestiones la idea de mejora continua le puede resultar un elemento motivador incluso cuando todo va bien, pero para las personas comunes, acomodarse cuando todo va bien es lo más habitual.

Seguro que lo has probado en tu propia persona alguna vez; sabes que tienes que cambiar, pero no cambias. Sabes que tienes que mejorar, pero no mejoras. Solo mejoras cuando llega una crisis, cuando de verdad le ves las orejas al lobo, como comúnmente se dice. Mejoramos por inspiración o por desesperación, y lamentablemente esto segundo es lo más habitual.

Por ejemplo, la mayoría de las personas no se ocupan de cuidar de su salud lo suficiente hasta que es demasiado tarde o ya padecen los principios de una enfermedad grave.

El éxito es un arma de doble filo. Por un lado, nos ofrece sensaciones inigualables que nos seducen y atraen, y por el otro, nos pone en peligro debido a que nos acomodamos en él. Un desempeño sobresaliente durante varios años es motivo de celebración, pero también encierra peligros ocultos que podrían socavar nuestra proactividad, fuerza y pasión.

Es natural que desarrollemos una sensación de confort y estabilidad si obtenemos buenos resultados, pero esta comodidad es engañosa y nos conduce a una complacencia peligrosa en las ventas.

Y más todavía en sectores en los que se están produciendo cambios. Por ejemplo, en sectores estratégicos en los que están entrando con mucha fuerza fondos de inversión internacionales, están temblando los cimientos de muchas empresas tradicionales que se habían acomodado en dejar de tener una óptima gestión y un claro impulso comercial.

La pasión y el entusiasmo del comienzo, aquello que impulsó nuestros primeros logros fue fundamental para tener éxito, pero es una pasión que comienza a desvanecerse a medida que el éxito se transforma en rutina. Lo que en un comienzo fue un enfoque comercial proactivo se convierte en un enfoque reactivo y monótono.

Y con esa complacencia llega una disminución en las actividades proactivas, que son fundamentales, como bien sabes. Los comerciales comienzan a hacer menos llamadas, programar menos citas y buscar menos oportunidades.

La inercia del éxito pasado nos lleva a confiarnos demasiado. Y la dependencia de la inercia es peligrosa, ya que el mercado y los clientes están en constante cambio. La competencia entra con más ganas y más fuerza en el mercado.

De ahí que, **para no caer en la trampa del confort, es necesario mantener un nivel adecuado de tensión y autoexigencia.** La tensión saludable, que puede surgir de objetivos ambiciosos de crecimiento más que ser un elemento negativo, supone un reto que deben superar las redes comerciales comprometidas con el proyecto.

De ahí que en ocasiones nos olvidemos de los propios objetivos y nos centremos en el cumplimiento del plan comercial, el plan de llamadas, de visitas, de acciones comerciales proactivas.

Me da mucho miedo cuando miramos demasiado la cifra de negocio, ya que esta se aleja de lo que podemos hacer hoy mismo. Sin embargo, cuando hoy mismo hemos hecho las llamadas necesarias, cuando hemos conseguido las visitas, cuando hemos presentado las propuestas y realizado el seguimiento, entonces sabemos que hicimos lo correcto y que sembramos lo suficiente.

Don Miguel Ruiz, en su maravilloso libro *Los cuatro acuerdos*, nos dice en su último acuerdo: «Haz siempre lo máximo que puedas», algo que esconde mucha sabiduría.

Este acuerdo nos enseña que siempre debemos esforzarnos por dar lo mejor de nosotros mismos en cualquier situación. Sin embargo, es importante entender que «lo máximo que puedas» puede variar de un momento a otro y de un día a otro, dependiendo de nuestras circunstancias y de nuestro estado físico y emocional. No obstante, el acuerdo lo deja bien claro: haz lo máximo que puedas.

Independientemente de la tarea o la situación, *hacer lo máximo que puedas* significa poner tu mejor esfuerzo en todo lo que haces en el plano comercial. Esto no solo se refiere a las grandes metas, sino también a las pequeñas acciones diarias que hacemos para crecer.

Si llevas a cabo tu actividad comercial lo mejor que puedes, no te castigarás ni sentirás remordimientos, incluso si los resultados no son perfectos. **Al hacer siempre lo máximo que puedas, te liberas de la culpa y el arrepentimiento. Sabes que has dado tu mejor esfuerzo**, independientemente del resultado.

En el ámbito personal y profesional me gusta pensar de esta forma y tratar de dar lo mejor de mí a mi equipo, a mi familia y al resto de mis relaciones. Sé que tengo mucho por aprender, y para lograr la excelencia todavía me queda más del 99 % del camino por recorrer. Pero **si cada día nos pedimos hacer lo máximo que podemos, entonces sabemos que no caeremos en la trampa del confort.**

Por eso es bueno contar siempre con una mirada humilde hacia los resultados, dejar de lado el ego, la sensación de logro y superioridad. Si no perdemos esto, podremos seguir ganando batallas comerciales.

Hernán Cortés, nacido en Medellín, un municipio de la provincia de Badajoz (España), era un hombre ambicioso y valiente. Esa ambición lo llevó a embarcarse en una expedición a tierras desconocidas. Con once barcos y un equipo de unas seiscientas personas, Cortés partió hacia el Nuevo Mundo. Su objetivo era explorar y conquistar el vasto territorio conocido como México.

Después de una travesía peligrosa, la flota de Cortés llegó a las costas de lo que hoy es Veracruz. Los hombres desembarcaron, cansados pero llenos de expectativas y temores sobre lo que encontrarían en esta nueva tierra.

A medida que exploraban la región, Cortés y sus hombres comenzaron a darse cuenta de la magnitud del desafío que tenían delante. El Imperio azteca era poderoso, y sus fuerzas, numerosas. El miedo y la incertidumbre empezaron a filtrarse entre los hombres de Cortés. Muchos de ellos pensaban en regresar a Cuba, donde la vida era menos peligrosa.

Cortés, consciente del riesgo de que sus hombres pudieran sucumbir al miedo y abandonar la misión, tomó una decisión radical. Reunió a sus oficiales y soldados y pronunció unas palabras que resonarían a lo largo de los siglos: «¡Quemad las naves!».

Tenemos que actuar más a menudo como si hubiéramos quemado las naves, como si no tuviéramos recursos, como si partiéramos de cero. Esta mentalidad es difícil de implantar en el sector de las ventas, pero no por ello deja de ser una necesidad.

¿En qué medida te has alejado de la humildad
que tenías al principio?

¿De qué forma el confort por el éxito
que puedes estar teniendo ha disminuido
tus ansias por crecer y superarte?

«Comienza a vender cada día como si fuera tu primer
día de trabajo, con la misma pasión y energía».

9
No te quedes dentro

Hay un lugar en el que no tendrías que quedarte nunca, un lugar en cuyas inmediaciones tus capacidades disminuyen y tu potencial parece que deja de estar disponible. Ese lugar lo conoces bien porque alguna vez has estado allí; se llama *zona de confort*.

En la zona de confort, al comienzo nos encontramos con una sensación de alivio, con la agradable y placentera emoción de que todo está bien como está.

Pero según pasa el tiempo caemos en el adormecimiento, y lo mismo sucede con nuestra sed y ansias de mejorar, que se ven disminuidas.

Soy un gran partidario de la zona de confort como lugar en el que nos recomponemos, recobramos energía y obtenemos mucho disfrute, pero soy partidario de ir allí siempre después de una batalla. Después de haberlo dado todo en el terreno de juego puedes permitirte dejarte caer unas horas o algún que otro día en tu zona de confort.

El problema aparece cuando, sin darte cuenta, esa zona de confort te va atrapando. ¡Y vaya si te atrapa!

Puedes ver que muchas personas han caído en la zona de confort con el cuidado de su salud, y los años venideros les pasarán una factura demasiado alta.

Puedes ver que muchas parejas han caído en la zona de confort por la forma en la que conviven, y los años futuros seguramente les traerán una separación.

Puedes ver que muchas personas han caído en la zona de confort en su vida y han dejado de tener proyectos y ganas de mejorar, y el aburrimiento y la depresión estarán en unos años llamando a su puerta.

Cuando no hay ganas de mejorar, lo único que nos queda es la queja, el victimismo y la apatía.

La zona de confort debería estar prohibida como área de residencia, especialmente en el terreno comercial. En el primer año estamos con las energías renovadas, pero según pasan los años debido a una falta de proactividad entramos en la zona de confort demasiadas veces.

La zona de confort es una excelente área recreativa, un lugar en el que pasarlo bien durante un rato, pero también es tu mayor peligro para crecer.

El problema es que no has quemado las naves, que tu bienestar está casi asegurado, y el coste de crecer te parece tan alto que no te atreves a salir de ese lugar en el que has caído llamado *zona de confort*.

Conozco todos sus peligros porque he estado allí. Se parece a esos días de sueño en los que te despiertas muy temprano, pero te sientes tan adormecido que sigues y sigues allí tumbado. Sabes que tendrías que levantarte y hacer todo lo que tienes pendiente, pero parece que el estado de somnolencia te domina, parece que el sueño puede más que el deseo. Al final te sientes un poco atrapado, un poco secuestrado por esa comodidad.

Cada vez que he estado en la zona de confort he puesto en peligro muchas cosas. La primera cosa que puse en peligro fue mi propia motivación, mi autovaloración y la identidad que intento construir cada día. La segunda y más importante es el proyecto de vida en el que estoy embarcado, mi empresa, mi familia, el ejemplo de padre que deseo ser para mis hijos.

Siento que estamos en una sociedad excesivamente proteccionista que valora ante todo la comodidad del individuo, más allá de su crecimiento. Pero ¿qué ocurre si el individuo tiene escrito en su ADN que está diseñado para moverse y tener actividad constante, correr, trabajar duro, pasar escasez y vivir desafíos constantes? Pues ocurre que dejamos de ser funcionales. Es decir, dejamos de vivir de acuerdo con nuestro diseño original, y entonces nos acomodamos. Lo hacemos en el terreno comercial, con nuestra salud, el ejercicio físico y las relaciones que mantenemos. Si lo tenemos todo, ¿para qué esforzarse?

Valoro todos los logros conseguidos por la humanidad desde sus comienzos hasta hoy, y creo que hay que recibirlos como auténticos regalos o premios a nuestra capacidad de querer hacer un mundo mejor. Por supuesto que hay que disfrutar de las comodidades a nuestro alrededor, saber premiarse y ser un poco indulgentes, pero ¿qué ocurre cuando hay demasiadas comodidades? Pues que el esfuerzo se vuelve algo marginal, algo válido tan solo para unos pocos.

Paradójicamente esos pocos son quienes llegan más lejos. He visto empresas y comerciales que han llegado muy lejos porque han sido conscientes en todo momento de que solo había un camino: el crecimiento.

Y el crecimiento supone incomodidad y esfuerzo. ¿Estas preparado para esforzarte o quieres seguir siendo una víctima que se queja de que no obtiene lo que quiere mientras vive dentro de su zona de confort?

Nadie reconoce que está dentro de la zona de confort. Hasta el comercial más acomodado te dirá que tiene mucho por hacer y que su vida resulta altamente estresante, llena de desafíos que le incomodan. Sin embargo, los hechos son objetivos, y no podemos esconder el hecho de que muchas veces no hacemos lo que hay que hacer:

- Día 1. ¿Has cumplido el plan hoy? No.
- Día 2. ¿Has cumplido el plan hoy? No.

Entonces estás dentro de la zona de confort. Un día se puede pasar, pero dos no.

Acción proactiva

¿Quieres comprobar lo que es la zona de confort?

OK, deja este libro en algún lugar y haz
todas las flexiones o sentadillas que puedas,
hasta quedar agotado.

Ese mensaje que te dices para no hacerlo es lo que
te mantiene atado a tu zona de confort.

«Nuestro mayor peligro no es hacer mal la llamada
comercial. Nuestro mayor peligro es no hacerla».

10
Dos compañeros de viaje

En el viaje hacia tu crecimiento comercial vas a tener la compañía de alguien que te visita de vez en cuando y que, cuando quieres ser comercialmente proactivo, se ocupa de decirte que no lo hagas.

Ese compañero, que yo también conozco de cerca, es nuestro autosaboteador. Todos tenemos uno. El autosaboteador es una parte más de nosotros mismos que se encarga de ponernos la zancadilla, de bloquearnos el camino cuando queremos hacer realidad nuestras metas comerciales.

Como todo personaje que vive dentro de nosotros, lo hemos creado nosotros, seguramente inconscientemente. Ha aparecido en nuestro interior y un día nos dice, por ejemplo: «¡Eh! Eso de crecer y mejorar parece una buena idea, pero ¿para qué estar siempre queriendo mejorar?, ¿no resulta demasiado agotador?».

Escuchamos su voz por primera vez y dudamos de si hacer esa llamada o no. Y justo cuando íbamos a llamar, colgamos el teléfono y nos ponemos a mirar el correo electrónico. Al segundo día lo tiene más fácil, y al tercero más, y así hasta que se convierte en una voz habitual dentro de nosotros.

Cuando tenemos que hacer llamadas comerciales proactivas, por ejemplo, nuestro autosaboteador quiere tomar el mando. Son las nueve de la mañana y nos dice: «Bien, primero organicémonos y hagamos otras cosas, y luego sobre las once llamamos a esos clientes».

Conforme pase la mañana irá diciéndonos: «¡Madre mía!, ¿has visto cuánto trabajo tenemos? Así no podemos hacer llamadas comerciales». Luego, según se acerca la hora de llamar, seguirá con sus mensajes negativos sobre la idoneidad de hacer o no las llamadas: «A ver..., si las ventas de este mes ya son buenas, ¿para qué llamar más?». También dirá cosas como: «Tus clientes están muy ocupados», «Les vas a molestar», «El viernes no es buen día para llamar» y un largo etcétera de mensajes negativos.

Pero a las once decidiremos no hacerle caso y haremos una primera llamada. Cuando esa llamada y la siguiente no descuelguen el teléfono, nos dirá: «Te lo dije, no pueden ponerse, están muy ocupados». Pero nosotros seguiremos intentándolo.

En la tercera llamada el potencial cliente se pone al teléfono pero no muestra ningún tipo de interés. Y entonces es cuando nuestro autosaboteador dice: «Te lo dije, les vas a molestar». Y entonces es cuando desistimos del todo.

No caemos en la cuenta de que detrás de esa tercera llamada venían algunas oportunidades interesantes. Era el momento de seguir llamando, pero nuestro autosaboteador ha tomado el mando.

Como acabas de ver, la forma en la que tu autosaboteador se comunica contigo es a través del diálogo interno, es decir, mediante palabras que te dices a ti mismo. Con esto no quiero decir que seas un poco holgazán y victimista, sino que una parte de ti sí está actuando de esa forma y su energía es contagiosa.

Puedes identificar a tu autosaboteador rápidamente cuando decides ponerte el despertador una hora antes para salir a hacer ejercicio y, justo en el momento en que suena, una vocecita interna te dice que no lo hagas. Es tu autosaboteador. Y en la venta proactiva la escucharás muy a menudo.

En la venta proactiva nuestro autosaboteador se escucha tan a menudo porque es una actividad que requiere salir de la zona de confort, y eso supone esfuerzo, autodisciplina, incomodidad. Y, como puedes imaginar, tu autosaboteador se rebela ante todo ello, ya que es amante del confort.

Una parte de ti muy diferente y que no conoce de autosabotaje es la que llamamos *nuestra mejor versión*. Todos sabemos cómo es nuestra mejor versión y qué tipo de energía y emociones la mueven. Sabemos que estamos escuchando a nuestra mejor versión cuando brillamos. Sí, cuando escuchamos a nuestra mejor versión, brillamos, ya que actuamos con la confianza de que las cosas van a salir bien, de que vamos a cumplir el plan que nos habíamos marcado, de que el cliente va a estar encantado de recibir nuestra llamada, propuesta o visita.

Un comercial proactivo tiene que conectarse más a menudo con su mejor versión para que, así, sus resultados vayan en consonancia.

El autosaboteador suele quejarse y buscar excusas para no cumplir el plan. Tu mejor versión, sin embargo, se ocupa de iluminar el camino con su brillo y poner toda la energía necesaria para que las cosas ocurran.

El autosaboteador busca aliados para su causa muy a menudo. Si trabajas dentro de un equipo comercial, tu autosaboteador buscará, a través de comentarios, que otras personas empaticen con él: «Menuda mañana llevamos», «Ha empezado septiembre y ningún cliente quiere que le visitemos», «Nos han cambiado los objetivos del trimestre; vuelven a subirlos otra vez».

La energía del autosaboteador es la queja, el victimismo y el pesimismo.

En cambio, **nuestra mejor versión busca relacionarse con los demás para crecer y prosperar. Cuando encuentra un ambiente de queja o victimismo, suele evitarlo. Centra su energía en generar resultados positivos,** y hace todo lo posible para que estos ocurran.

Las emociones que mueven al autosaboteador son generalmente la comodidad, la pasividad, la frustración y a veces el enfado o el miedo. Sin embargo, nuestra mejor versión se mueve por la pasión, la generosidad y la confianza.

Incluso creo que nuestro autosaboteador tiene forma, en ocasiones de un personaje conocido. Por ejemplo, mi autosaboteador tiene la forma del personaje azul, llamado Tristeza, de la película *Del revés (Inside out)*. Tristeza es un personaje un poco oscuro y triste que se siente poca cosa y es pesimista. Cuando tengo que hacer llamadas comerciales proactivas, reconozco que aparece Tristeza y me dice: «César, quizás no sea un buen momento», «César, no van a estar interesados»... y muchos más mensajes negativos, que se incrementan cuando las cosas no han salido como yo deseaba. Entonces, Tristeza me dice: «¡Te lo dije!».

Pero, por suerte, también nuestra mejor versión podría ser un personaje. En mi caso, el personaje es Alegría, de la misma película. Alegría es puro optimismo, no conoce la derrota, es resiliente, feliz y apasionada. Ella me dice: «Intentémoslo una vez más», «Llama otra vez, ahora sí que van a descolgar», «Seguro que tienen unas ganas locas de recibir esta llamada», «¡Venga, que tú vales mucho!».

Puedes tomar conciencia de esta idea sobre los dos personajes o puedes ignorarla, pero si la ignoras no te servirá de nada, pues sus mensajes seguirán dentro de ti sin que seas consciente de ellos.

A veces está realmente bien saber que tu autosaboteador está tomando el control para decirle: «Tranquilo, de esto me ocupo yo».

Una tarde, un anciano compartió la siguiente historia con su nieto:

—Hijo mío, siento como si hubiera una gran lucha dentro de mi corazón. Es una lucha terrible entre dos lobos. Uno es malo: es ira, envidia, dolor, avaricia, arrogancia, culpa, resentimiento, inferioridad, mentiras, falso orgullo, superioridad y ego.

»El otro es bueno: es alegría, paz, amor, esperanza, serenidad, humildad, bondad, benevolencia, empatía, generosidad, verdad y pasión.

El nieto pensó en esto por un minuto y luego preguntó a su abuelo:

—¿Cuál de los lobos ganará la pelea?

A lo que el anciano respondió:

—Aquel al que yo alimente.

En las ventas estos dos lobos están también dentro de nosotros en forma de personajes a los que decidimos alimentar. Cada día, a cada momento, tenemos la opción de fomentar a nuestro autosaboteador o a nuestra mejor versión.

Nuestros resultados positivos o negativos no se logran de un día para otro. Los resultados se consiguen generalmente después de muchos años de haber alimentado a uno de estos dos personajes.

Quizás tu autosaboteador haya ganado la batalla en ocasiones, pero que esto sea así no quiere decir que no podamos cambiar la tendencia.

Creo que todos hemos nacido para brillar, para traer y aportar algo al mundo. No ayudas a nadie cuando te quedas en la queja, cuando te sientes poca cosa o cuando no haces esa llamada. No ayudas a nadie cuando dejas de hacer actividad comercial proactiva y utilizas cualquier excusa.

Reflexión movilizadora

Si tu autosaboteador tuviera forma, ¿cómo sería?
¿Qué tipo de mensajes te suele transmitir?

«Hasta que no hagas consciente lo inconsciente,
el inconsciente guiará tu vida y lo llamarás destino».

Carl Jung

11
Cuestión
de emociones

Las emociones mueven el mundo, pues casi todo lo que hacemos está relacionado con unas u otras emociones. El mundo de las ventas también, casi más que cualquier otro ámbito, ya que son las emociones las que nos mueven hacia el cliente y para conseguir los resultados.

Podemos decir que las emociones en las ventas son muchas: pasión, ambición, alegría, incertidumbre, miedo, desasosiego, pasividad, tranquilidad, bienestar, generosidad..., y tantas otras.

Parece ser que los científicos que estudian las emociones no se ponen de acuerdo en definir cuántas hay: unos dicen que hay seis emociones; otros, quince, y otros, veintisiete. De hecho, algunos autores, como Lisa Feldman Barrett, proponen que las emociones no son entidades discretas, sino construcciones psicológicas basadas en experiencias individuales y contextos sociales. Según este enfoque, hay un número casi infinito de posibles estados emocionales.

Pero como mi misión es sintetizar y resumir, me gustaría hablarte de las emociones en las ventas de forma muy básica, tratando solo dos. Podemos reducir las emociones a dos porque en casi todas ellas identificamos una correspondencia con dos de ellas. Por ejemplo, la incertidumbre está relacionada con el miedo, al igual que el pánico o la ansiedad. De hecho, hay muchas emociones que estarían dentro de ese instinto tan humano que es el miedo, que en definitiva es una respuesta que a veces podemos tener y que nos invita a alejarnos de algo, a protegernos e incluso a atacar.

Luego tenemos emociones como la generosidad, la alegría o el entusiasmo, que estarían dentro de un bloque mayor de emociones al que algunos llaman *amor*; otros, por no parecer demasiado cursis, lo denominan *confianza*. Pero lo cierto es que es un sentimiento de acercamiento a algo, de creer que las cosas van a ir bien.

Estas dos emociones, amor y miedo, están presentes cada día en nosotros desde que ponemos un pie en el suelo. Durante toda la jornada, amor (o confianza) y miedo van a estar dentro de nosotros.

Además, estas dos emociones están muy íntimamente relacionadas con los personajes del autosaboteador y nuestra mejor versión, de los que hemos hablado en el capítulo anterior. El autosaboteador está conectado con el miedo, mientras que tu mejor versión se enlaza con la confianza.

Cuando tenemos que hacer una llamada de teléfono, visitar a un cliente o tener una conversación de ventas, las emociones se despiertan dentro de nosotros en milisegundos. De hecho, las emociones nacen en nosotros en pocos milisegundos. En unos cien o doscientos milisegundos, nuestra amígdala, una de las partes más emocionales de nuestro cerebro y que se ocupa de emociones como el miedo o enfado, puede responder al estímulo o pensamiento que hemos tenido.

A veces, un pensamiento fatalista provoca una reacción emocional instantánea en nosotros que se traduce en un tono de voz y una forma de comportarnos en la venta en la que transmitimos menos poder de convicción y pasión.

El comercial proactivo necesita ser consciente de todo esto porque a lo largo del día las emociones van a pedir paso constantemente. No hay problema cuando la emoción que venga a visitarnos sea la confianza, la pasión o las ganas de ayudar a los clientes, pero ¿qué pasará cuando la emoción sea el miedo?

¿Cuál es nuestro mayor miedo en las ventas? Generalmente, el miedo al rechazo. Es un miedo muy común en la actividad comercial y está muy ligado a la evolución de nuestra especie.

Si lo analizas bien, verás que una de las principales cualidades de la especie humana, algo que nos ha hecho llegar hasta aquí y desarrollarnos como la especie más capaz del planeta y con mayor inteligencia, es nuestra capacidad de socializar, de vivir en comunidades grandes y de buscar el bien común.

Podemos decir con toda certeza que somos seres gregarios, sociales, empáticos, solidarios, generosos y cariñosos, y que sin el contacto y la vida social nuestra experiencia de vida sería horrible, y nuestra salud mental, emocional y física estaría por los suelos. Nos necesitamos unos a otros.

En consecuencia, ¿cuál es nuestro mayor miedo? Sin duda alguna, el miedo al rechazo. Y por eso no llevamos bien que otros nos digan: «No», «No me interesa» o «No tengo tiempo para hablar contigo».

Bien es sabido que este también es un tema de personalidad. Hay personas que desarrollan una personalidad sin demasiado miedo al rechazo, pero por lo general casi todos tenemos una tarea pendiente para superar un poco este miedo en las ventas.

¿Qué significa que nos digan que no? Aunque en realidad no significa nada, tú escuchas algo muy diferente:

- Cuando el cliente dice: «No me interesa», tú entiendes: «No me interesas».
- Cuando dice: «No tengo tiempo», tú entiendes: «Eres un pesado. No me molestes».
- Cuando no te responde al teléfono, tú piensas: «No quiere saber de mí, me ignora».
- Cuando rechaza tu propuesta, tú piensas: «No le gusto».

El miedo al rechazo supone una gran barrera en las ventas, pues a ese miedo unimos la no aceptación, la no pertenencia al grupo, a la sociedad... Tememos tanto el rechazo que hemos acabado por actuar de forma cómoda, por no correr riesgos, por no llamar, por no hacer propuestas, por no lanzarnos a mejorar la vida de nuestros clientes.

Es una trampa de una dimensión grandísima, es como vivir enamorado de una persona y nunca ser capaz de mostrar tus verdaderos sentimientos.

«No tenemos nada que temer salvo el miedo mismo».
FRANKLIN D. ROOSEVELT

12
Sin excusas

Seguro que a lo largo de tu carrera profesional has logrado metas significativas y valiosas para ti. Imagino que gracias a tu esfuerzo has conseguido objetivos importantes. En esos momentos te has dado cuenta de que, gracias a tu empeño, determinación y conocimientos, has sido capaz de lograrlo.

Podemos decir que eres consciente de la forma en la que se consiguen los resultados comerciales: gracias a nuestro empoderamiento, a decir internamente: «Lo voy a lograr», «No voy a desfallecer», «Yo puedo con esto».

Pero, como sabes, esta no siempre es la dinámica que ocurre dentro de nosotros, ya que en ocasiones se instala un mensaje en nuestro interior de incapacidad, de falta de motivación, organización o conocimientos para hacer algo. Y entonces es cuando nos gusta poner excusas.

Me he dado cuenta de esto manteniendo conversaciones con personas que tenían responsabilidades comerciales, pero que no las habían logrado. En dichas conversaciones había un momento en el cual la persona empezaba a poner ciertas excusas para justificar su falta de resultados.

Recuerdo personas que decían: «Es que no nos da tiempo». Algunas otras argumentaban: «Es que los clientes no están pasando por su mejor momento». Otras declaraban: «Es por la situación económica que vive el país». E incluso algunas se excusaban: «Es que el equipo y los compañeros que me han tocado...».

Y así podríamos hacer una larga lista de *es que*: «Es que el producto...», «Es que el sistema...», «Es que el CRM...», «Es que mi zona...», «Es que la competencia...».

De alguna forma, cuando dejamos de tener éxito en algo, es fácil encontrar una excusa que justifique nuestra falta de resultados.

Con esto no estoy diciendo que la persona que se excusa no tenga razón. Cuando alguien dice que el CRM que utilizamos para reportar la actividad comercial es muy engorroso, seguramente tiene razón. O cuando dice que el cliente está muy ocupado, también tiene razón.

Es decir, que tú y tus excusas tenéis razón.

Pero las dos no pueden ocurrir al mismo tiempo. Es como respirar: no puedes inspirar y espirar al mismo tiempo. Pues con la energía comercial ocurre lo mismo: o te quejas o actúas.

Reflexión movilizadora

El único problema es que nuestra energía
solo conoce dos situaciones: o estamos en una
energía reactiva, es decir, quejándonos,
o estamos en una energía proactiva, es decir,
haciendo que las cosas ocurran.

¿Cuántas veces estás en energía reactiva,
en la queja o el victimismo?

Las excusas suelen acarrear un problema mayor, y es que se contagian dentro y fuera de nosotros. Dentro de nosotros se contagian porque, una vez que has puesto una excusa, vendrán otras.

Por ejemplo, cuando te quieres cuidar un poco más y hacer más ejercicio. Primero dices: «No tengo tiempo», y luego piensas: «Además, hace frío y está lloviendo». Y luego, te autoconvences: «Por otro lado, tampoco tengo las zapatillas de correr necesarias». Y finalmente añades: «Además, ¿qué voy a conseguir si tan solo salgo un día a hacer ejercicio?».

Tú solo te has metido en el círculo vicioso de las excusas para no hacerlo.

Lo mismo ocurre en las ventas. Decides que vas a hacer más venta proactiva y te dices: «No tengo tiempo». Y luego: «Pero, si llegan más clientes, ¿los podremos atender?». Y a continuación: «Primero tendría que hacer un curso de gestión del tiempo». Y finalmente: «Por otro lado, la forma en la que organizamos la información no es práctica». Y acabas por no empezar nunca.

Las excusas también se contagian de unos a otros, de ahí que una de las claves que ponemos en práctica en los equipos comerciales sea la interacción constructiva, que se resumiría en estas palabras: **si lo que vas a decir no aporta, suma o construye, no lo digas.**

El problema cuando ponemos una excusa es que **esta provoca instantáneamente una emoción, y dicha emoción se contagia a nuestra forma de comportarnos, hacer llamadas e interactuar con los demás.** Las personas que se ponen excusas para no hacer algo tienen un tipo distinto de energía, se percibe en ellas una negatividad especial.

Uno mismo tiene que desarrollar la capacidad de darse cuenta de cuándo está poniendo una excusa y actuar instantáneamente para no ser cautivado por ella.

Esta es una cuestión cultural en muchos equipos comerciales, y cuando digo *cultural* me refiero a que forma parte del *modus operandi* del equipo. El cómo se ha llegado hasta ese punto es algo que muchas veces desconocemos, pero generalmente es por haber dejado que, durante años, aparecieran muchas excusas y por haberlas tenido en cuenta.

Si eres padre o madre de familia, entiendo que hay ciertas cuestiones que no deseas que entren en tu familia o en la forma de vivir juntos que tenéis, ¿verdad? Por ejemplo, en mi casa no hay bebidas azucaradas, no hablamos mal y respetamos algunas normas de convivencia importantes. ¿Qué hay que hacer para que esto no ocurra? Concienciar mucho y, cuando ocurre algo, aunque solo sea una vez, corregir la situación para que todos sepamos que ese no es el buen camino.

En ocasiones los comerciales o los equipos comerciales no hemos sido tan firmes con la adhesión a una serie de normas o principios y las excusas se han colado por la puerta. Finalmente han llegado a formar parte de la manera de trabajar del equipo, y quizás ahora en tu empresa sean algo normal.

Pero excusas habrá siempre, ¿no te parece? Piensa en un reto que quieras afrontar y te digo diez excusas que te dejarán sin ganas de hacerlo.

Me recuerdo en 2019, cuando comencé los entrenamientos para correr mi primera maratón y algunas excusas venían a mi mente en aquellos días de principios de enero. Al sonar el despertador me decía: «Son las cinco de la mañana y fuera es muy de noche, está lloviendo y además hace mucho frío. Quizás no es el mejor día para salir a correr». Y esto hacía que quisiera quedarme en la cama.

Sin embargo, con el paso de los días comencé a darle la vuelta a la situación. Mi primer pensamiento cuando sonaba el despertador era el mismo, pero cambiaba el final: «Son las cinco de la mañana y fuera es muy de noche, está lloviendo y además hace mucho frío. ¡Es el mejor momento para entrenar! Si entreno en estas circunstancias adversas, entrenaré no solo mi cuerpo, sino también mi mente para el reto que tengo por delante en unos meses». Lo que era una excusa se convertía, así, en una oportunidad. Por cierto, tuve éxito y corrí dos maratones en 2019: la de París (3 h 28 min) y la de Valencia (3 h 23 min).

El tiempo invertido en la negatividad nunca lo podremos recuperar y además nos restará energía para tener positividad. Por lo tanto, dejemos de prestar atención a todo lo que puede hacer que algo no se consiga y centremos nuestra atención en lo que podemos hacer nosotros.

Siempre hay cosas que están fuera de nuestro control y otras tantas sobre las que sí podemos actuar.

A lo mejor no puedo cambiar el CRM de mi empresa, pero sí puedo llamar a un cliente más.

A lo mejor no puedo cambiar de zona, pero sí puedo organizar mejor mi agenda y hacer más actividad comercial.

Siempre puedo actuar sobre algo que depende de mí.

«Tanto si crees que puedes como si no, tienes razón».
Henry Ford

13
Resiliencia

Si esperas a que vengan los clientes a comprarte, pocas negativas te vas a encontrar; podemos decir que casi todos se llevarán alguno de tus productos o servicios. Pero la cosa cambia cuando eres tú quien provoca la venta desde el comienzo, el que establece el primer contacto, el que inicia la actividad comercial y el que tiene el propósito de lograr un pedido.

La mayoría de los comerciales no son resilientes, y no lo son porque hacen venta reactiva: envían propuestas a sus clientes y esperan a que sean aprobadas. En cambio, los que practican la resiliencia son vendedores proactivos que se lanzan al vacío sin saber lo que pasará después.

Y sí, lo que pasa después es que reciben muchas negativas, muchas puertas cerradas, muchos «noes».

Pero tú, como comercial proactivo, sabes que enfrentarte a las negativas de los clientes forma parte de tu día a día. Estas negativas pueden hacer que bajes la cabeza, que sientas que tu esfuerzo no es valorado y que la tarea de vender se convierta en una montaña difícil de escalar. Sin embargo, es en estos momentos cuando la resiliencia se convierte en tu mejor compañera.

La resiliencia es la capacidad de adaptarse y recuperarse de las adversidades y retos que la vida nos pone delante. Las personas con más resiliencia son aquellas que han comprendido que la vida, además de buenas noticias, nos traerá algunas no tan buenas, que muchos momentos serán más difíciles de lo esperado, que habrá cambios para peor más veces de las que les habría gustado, pero no por ello desfallecen; todo lo contrario, resisten las embestidas del destino con firmeza e inteligencia emocional.

Pero tienes que saber que la resiliencia no es innata, sino que se desarrolla con la práctica y con una mentalidad ganadora. ¿Qué te podría recomendar para que aumentaras esta capacidad? He aquí algunos consejos.

Acepta la realidad de las negativas

Las negativas de tus clientes pueden hacer que bajes la cabeza, pero lo más importante es aceptarlas como parte del proceso. Cada *no* que recibes no es un rechazo personal, no va contigo, sino que el cliente no está interesado, le has pillado en un mal día o simplemente tiene otras opciones. Tenemos que mirar las negativas con humildad y no ruborizarnos por recibir una o cien; tenemos que ser más impasibles ante las negativas.

Aprende de las negativas

La resiliencia implica no solo soportar las negativas, sino también aprender de ellas y utilizarlas como un trampolín para mejorar. Cada vez que obtengo la negativa de un cliente, me pregunto qué podría haber hecho diferente para captar su atención. Si utilizamos las negativas como elementos para mejorar, estas se convierten en nuestras maestras.

Cuando te decides a vender de forma proactiva y cumplir con tus indicadores, tus negativas se van a multiplicar, y entonces ¡tendrás muchas maestras!

Devuelve una sonrisa sincera ante las negativas

Aunque estés al teléfono, puedes sonreír y dar las gracias. De nada sirve que te pongas en modo reactivo ante las negativas y que te enfades contigo mismo porque las cosas no están saliendo como deseas. La actitud con la que enfrentas las negativas define tu capacidad para sobrellevarlas mejor. Mantén una mentalidad ganadora, recuerda tus éxitos y no te dejes abrumar por los rechazos que estás teniendo. Piensa en cada *no* como un paso más hacia un *sí*.

Si te sirve de consuelo, varias personas que trabajan para algunos de mis clientes haciendo venta telefónica realizan 132 llamadas de media para conseguir una venta. Este es tan solo un dato, pero debe servirnos de lección el hecho de que muchas personas reciben más negativas que nosotros, y entre ellas algunas hacen un trabajo verdaderamente brillante.

Reflexión movilizadora

¿Cómo actúas cuando las cosas no salen como deseas?

¿En qué medida tienes la capacidad de tener una actitud positiva en esos momentos?

Comparte tus emociones

Una buena forma de llevar mejor la adversidad que suponen algunas etapas de la venta es tener personas cerca que puedan compartir contigo y escucharte. El contacto social es uno de los elementos clave de la salud, y ante etapas de mucha frustración es bueno tener cerca a alguna persona con quien poder hablar.

Pero cuidado con que esa conversación se convierta en un foro para las quejas sobre lo que no funciona en el mundo, en tu empresa o en ti mismo. Compartir tu frustración no quiere decir victimizarse o culpabilizar.

Fíjate pequeños logros

Una de las formas que recomiendo a mis clientes para mejorar su capacidad de resiliencia es la de fijarse pequeñas metas que puedan cumplir y suponer un logro. Quizás no hayas logrado tu cifra del mes, pero hoy has logrado un pedido, ¡enhorabuena! Lo que importa es que estés cumpliendo tu plan de acción comercial; confiamos en que los resultados llegarán.

Practica la autocompasión

Sé amable contigo mismo y reconoce que todos los comerciales enfrentan retos similares a los que tú estás viviendo. Hablarte bien a ti mismo, cuidar de ti, premiarte y mimarte es necesario especialmente en las etapas adversas.

Ante la negatividad del cliente, evitemos nuestra propia negatividad hacia nosotros mismos. Hablémonos tan bien como le hablaríamos a nuestros hijos de tres o cuatro años si fueran ellos los que no están logrando hacer una tarea.

Entrénate en la dificultad

Las negativas de tus clientes te entrenan para ser mejor. Es como entrenar temprano, de noche y bajo la lluvia en un frío día de invierno.

Estas condiciones difíciles fortalecen tus capacidades y te preparan para enfrentar cualquier reto con determinación y confianza.

La resiliencia te hace mejor en otras áreas de la vida

La resiliencia que desarrollas en tu actividad comercial no solo te ayuda en tu trabajo, sino que también mejora otras áreas de tu vida: te convierte en una persona más capacitada para asumir las dificultades, para gestionar el estrés y para afrontar la adversidad con una actitud positiva, pase lo que pase.

Visualiza el éxito

Imagina cómo te sentirás cuando superes esos objetivos que ahora no estás cumpliendo. La visualización es una técnica muy poderosa que te ayudará a mantener la motivación en momentos críticos. Piensa en cada negativa como un escalón hacia el éxito que has visualizado.

Intenta tener una rutina diaria de visualización, situarte mental y emocionalmente en el deseo cumplido. No se trata de ansiar el logro de un objetivo, sino más bien de situarte en el estado de ánimo y la forma de pensar y de comportarte de quien ya ha conseguido su objetivo.

Sé una hormiguita

Las hormigas se caracterizan por ser muy trabajadoras, por luchar una y otra vez hasta lograr su objetivo. A una hormiga le puedes cortar el paso una y mil veces, que seguirá intentado llegar a su destino. Como bien sabes, en las ventas la persistencia es clave. No te desanimes ante los rechazos. Recuerda que cada negativa te acerca más al *sí* que tanto habías soñado. Cuando el cliente te diga que no, sigue siendo amable, elegante y positivo.

Este es un ejemplo de correo que escribo a los clientes que rechazan una de nuestras propuestas por cualquier motivo:

Hola, Marta:

Muchas gracias por tu mensaje y por tan buena aclaración. Entendemos perfectamente lo que comentas y me complace saber que habéis tomado una decisión para llevar adelante el proyecto.

Nos alegrará estar en el futuro a vuestro lado acompañando a vuestros equipos hacia su mejor versión, para lo cual quedamos a vuestra entera disposición para analizar cualquier oportunidad en la que consideréis que podemos ayudar.

Os deseamos lo mejor, Marta.

Un abrazo

Acción proactiva

Haz cinco llamadas comerciales proactivas la próxima vez que te pongas a trabajar.

Mide el éxito, analiza tus sensaciones ante la negatividad que puedas recibir y trata de responder a las negativas con una actitud positiva y un agradecimiento sincero.

«La adversidad tiene el don de despertar talentos que en la prosperidad habrían permanecido dormidos».

Horacio

14
Creencias limitantes

¿Por qué motivo unas personas tienen mucho éxito haciendo actividad comercial proactiva y otras no? La clave no reside tanto en lo que hacen unas y otras, sino más bien en algo que está profundamente arraigado en su interior.

Nuestro comportamiento, lo que hacemos, es en definitiva lo que determina nuestros resultados. De forma que, por ejemplo, si logramos organizarnos para hacer llamadas, eso supondrá que tendremos el tiempo para hacerlas y nos enfocaremos en tener éxito. Eso es un comportamiento. Otro comportamiento sería transmitir pasión y convicción al cliente, y así sucesivamente en todo lo que podríamos decir que son habilidades comerciales.

Pero ¿cómo se externaliza un comportamiento? Un comportamiento se externaliza porque hay ciertas emociones que lo provocan. Emoción es, al final, movimiento, *e-movere, e-moción*. En definitiva, las emociones provocan unos u otros comportamientos en nosotros. Entonces, ¿qué determina las emociones que sentimos?

Podemos estar seguros de que las emociones no aparecen porque sí, no son aleatorias. Podríamos decir qué partes más profundas de la personalidad provocan nuestras emociones. Estas partes más profundas de la personalidad son las creencias y valores, así como el sentimiento de identidad que uno tiene.

Si, por ejemplo, me percibo a mí mismo como alguien introvertido y no muy valorado por los demás, seguramente no sea muy lanzado a la hora de realizar llamadas comerciales proactivas. Podemos decir, en consecuencia, que mi propio autoconcepto me pasa factura.

Te sorprendería saber cuántas personas con este tipo de autoconcepto están en puestos de trabajo en los que tienen que realizar llamadas comerciales proactivas; como puedes imaginar, tienen resultados muy bajos.

La clave no consiste en cambiar de trabajo ni en hacer un curso de automotivación en el que, después de dar muchos saltos y gritos en grupo, te pongas a realizar llamadas como si no hubiera un mañana. **La clave reside en aprovechar esta situación para actualizar tu autoconcepto y superar tus creencias limitantes.**

Las creencias limitantes son en realidad certezas que tenemos sobre nosotros mismos; las damos por buenas y no creemos que sean erróneas. La persona que actúa de forma introvertida se cree introvertida. Si se lo dices, lo más normal es que tienda a defenderse o justificarse, pero en realidad no es nada nuevo para ella: ya sabe que es introvertida. **Por eso una creencia es algo tan difícil de cambiar, porque está muy unida a nuestra idea de quiénes somos.**

Sin embargo, para ser proactivos comercialmente necesitamos actualizar nuestra forma de pensar sobre nosotros mismos, algo que nos vendrá muy bien para vender más, pero también para todo en la vida.

Las creencias que uno tiene sobre sí mismo condicionan sus resultados, al igual que la persona que va por la calle pensando que se va a caer al final se cae. Funcionan por la conocida profecía autocumplida: si crees que es posible, harás cosas para que sea posible y al final ocurrirá lo que deseas; y si crees que no es posible, acabará por no pasar.

Lo que nos dice esta profecía es que nuestra forma de creer tiene mucho que decir sobre los resultados que conseguimos.

Pienso algo, siento algo, actúo de una determinada forma y llegan ciertos resultados que confirman mi forma de pensar. De ahí que uno de mis libros lo titulara *Creer para ver* (Bresca Editorial, 2010), ya que soy un fiel convencido del poder de nuestras creencias para conformar nuestra realidad.

Ya que las creencias están tan presentes en nuestra vida comercial, conviene saber apartarse de aquellas que no nos ayudan en absoluto y acercarse a otras que son más positivas:

- Una creencia limitante en la venta proactiva es: «Soy tímido».
- Una creencia positiva es: «Puedo conectar y cautivar a mis clientes».

Aunque sea muy sencillo hablar de nuestras creencias, resulta muy complicado identificarlas, y lo más difícil de todo es poder cambiarlas.

Sin cambiar tus creencias vas a poder hacer poco para adoptar un modelo de venta proactiva, ya que este tipo de venta requiere entusiasmo, coraje, constancia, alegría y más factores que a veces no están dentro de tu autoconcepto inicial.

Lo más importante sería, en primer lugar, observar nuestros resultados y comportamientos habituales para ver si hay factores comunes. Por ejemplo: «Evito hacer llamadas a nuevos clientes», «Cuando asisto a un encuentro en el que puedo hacer *networking*, acabo hablando siempre con las personas que conozco» o «Cuando un cliente me pide algo, le ofrezco solo lo que ha pedido, sin intentar brindarle una solución más completa». Al final, nuestros comportamientos hablan por nosotros y de alguna forma indican nuestras creencias.

Las creencias más limitantes que hay en la venta proactiva son:

- **«Voy a molestar».** Si piensas que vas a molestar, es porque te ves a ti mismo como alguien molesto, que roba el tiempo a los demás y no les aporta nada. Es una creencia limitante que te está impidiendo hacer llamadas. ¿Qué tal si la cambias? Imagina que te dices a ti mismo: «Algunos de mis potenciales clientes necesitan tener las soluciones que yo presto». Entonces, tu creencia sería más positiva. No decimos que todos tus clientes quieran soluciones, pero sí algunos.

- «No tienen tiempo». Esto que parece una creencia sobre los clientes es, en realidad, sobre nosotros mismos. De nuevo pensamos que no seremos bien recibidos, y entonces la excusa que nos decimos es que no tenemos tiempo. ¿Qué tal si la cambiamos por un «Mis clientes tienen tiempo si yo hago por resultarles interesante»? Porque todos tenemos tiempo para lo que nos resulta interesante o para quien nos resulta interesante, ¿verdad?

- «No les va a interesar». Esta creencia limitante está unida a la idea de que molestamos al cliente o no tenemos nada nuevo que aportar. Cuando pensamos de esta forma, es evidente que el cliente mostrará poco interés, porque nosotros mismos le estamos quitando interés al producto o servicio que representamos. La persona que tiene esta creencia habla con desgana y se expresa sin pasión. Podríamos cambiarla por otra más positiva del tipo «Cuando conecto con ellos y muestro mi pasión, despierto su interés».

- «No soy capaz». Como podemos observar, esta creencia en la venta es muy limitante, tanto que la persona que la adopta quizás dure poco tiempo haciendo ventas, porque tiene una losa encima de sí misma. Cambiar esta creencia es importante porque, si lo hacemos, nuestras ventas crecerán rápidamente. Podemos cambiar esta creencia por un «Cuando me esfuerzo y creo en mí, consigo mis propósitos», algo que nos ayudará a vernos como personas más capaces de hacer un excelente trabajo proactivo.

Aunque podemos buscar ayuda profesional para identificar y cambiar nuestras creencias, me gustaría ofrecerte aquí un sencillo proceso en forma de preguntas para ayudarte a dar el primer paso hacia el cambio de tus creencias limitantes en las ventas.

Proceso para el cambio de creencias limitantes.

Responde a todas estas preguntas en una hoja aparte y con todo el detalle posible:

1. ¿En qué situaciones comerciales no estás teniendo los resultados que te gustaría?
2. ¿Qué creencia limitante podría haber detrás?
3. ¿Qué consecuencias negativas tiene para ti tener esa creencia limitante?
4. ¿Qué otros resultados te gustaría tener?
5. ¿Qué creencias positivas harían posible esos resultados? (Busca una creencia que pueda ayudarte en el futuro a conseguir tus metas).
6. ¿Qué ganarías si adoptaras esta nueva forma de pensar?
7. ¿Cómo sería vivir así?
8. ¿Cómo de comprometido te sientes con este cambio que estás realizando (del 0 al 10)?
9. Expresa este cambio que vas a realizar a alguna persona cercana a ti.

«No esperes ver para creer. Si crees, podrás ver».

SEGUNDA DIMENSIÓN

PROPÓSITO

15
El propósito
de lo que haces

Quizás te quede algo grande escuchar hablar de propósito cuando hablamos de ventas, pero yo creo que la venta sin propósito no tiene sentido, ya que acabará por agotarnos, disminuyendo nuestros resultados y motivación.

Todos nosotros, cuando despertamos, necesitamos tener un para qué, un motivo que nos mueve, algo que nos motive.

La palabra *motivación* es muy interesante porque tiene dos partes: *motiv-* y *-ación*, o el motivo que nos lleva a la acción. El propósito es como ese motivo o motor que nos lleva hacia la acción cada día.

Si te despiertas con un propósito en mente, entonces despertarás más motivado y ese día harás todo con más ganas y pasión, ya que **la venta sin pasión es una venta que no funciona.**

Paradójicamente, los profesionales de la venta, que sufren quizás de más circunstancias adversas que otros son los que más propósito necesitan.

Es evidente que **el primer ingrediente para que tengas un propósito es que te guste tu trabajo.** Si te gusta lo que haces, entonces parece que ya tiene más sentido. Una frase conocida dice: «Elige un trabajo que te guste y no tendrás que trabajar ni un día más en tu vida».

En el terreno personal, reconozco que me gusta lo que hago. Es el motivo por el que decidí este cambio de carrera profesional en 2006. Pienso que, a través de las conferencias que doy, las formaciones que realizo y los libros que escribo, puedo cambiar la vida de muchas personas, lo que es un gran propósito de vida para mí. Esto me mantiene motivado en meses en los que debo viajar por el mundo muchos días, cumplir con horarios demasiado ajustados y clientes a veces complejos y con muchas expectativas. Espero que también a ti te guste lo que haces, que te motive y que te haga sentirte mejor persona.

Pero ¿qué hacemos si no hemos elegido nuestro trabajo? Te contaré una historia.

Cuando tenía siete años fuimos de excursión con la escuela a ver la extraordinaria creación cinematográfica de Giuseppe Tornatore *Cinema Paradiso*. Al acabar la película, un señor cuya edad rondaría los cincuenta años entró al escenario donde se proyectaba y, después de una breve y agradable conversación sobre la película, acabó su discurso con la siguiente frase: «Siempre que hagáis alguna cosa en la vida, amadla».

Aquellas palabras resonaron en mi cabeza durante años, y lo siguen haciendo a veces. Uno siempre desearía hacer aquello que ama, pero ¿se podría amar lo que se hace sin más? Como puedes ver, es un cambio de perspectiva interesante y que merece la pena que exploremos.

Te contaré otra pequeña historia:

En una ocasión tenía que dar una conferencia en Lugo. La conferencia era a primera hora de la mañana de un día lluvioso de invierno. Yo salí de mi hotel sobre las siete de la mañana. Mi actitud aquel día no era la mejor, lo confieso. La cuestión es que, según caminaba, me iba acercando a un señor que barría las calles con un chubasquero puesto. «Qué trabajo más difícil

—pensé—. Con la lluvia que cae y el frío que hace, y barriendo las calles que otros han ensuciado».

Al pasar a su lado pude escuchar que aquel hombre estaba silbando, ¡y parecía feliz!

Fue una lección de humildad y también una muestra de que todos podemos amar lo que hacemos, aunque lo que hacemos sea incómodo, aunque no siempre sea lo que hemos elegido, aunque sea de noche, haga frío y te estés mojando.

Dicen los maestros zen, y también lo corroboran las investigaciones sobre el funcionamiento del cerebro, que, **cuando estamos presentes en una tarea tenemos mayor sensación de disfrute que cuando estamos haciéndola y tenemos la mente en otra parte,** tratando de escapar de ella, aunque sea a través de pensamientos placenteros sobre una situación pasada o futura.

Si dentro de ti hay una lucha por no querer hacer tu trabajo, entonces olvídate de vender. Solo vendemos cuando conectamos con lo que hacemos y, sobre todo, con el propósito que hay detrás.

Esta idea de aprender a amar lo que hacemos me parece reveladora, ya que supone un punto de inflexión cuando la aplicamos. Podemos sufrir lo que hacemos o podemos amar lo que hacemos. En cualquier caso, es una cuestión de perspectiva.

Para poder amar lo que hacemos, lo más importante que podemos hacer es conectar con nuestro propósito, con la idea que hay detrás. El propósito consigue que tengamos energía incluso cuando estamos en nuestros peores momentos.

Las personas que más cambios positivos han provocado en la sociedad tenían un noble propósito. Personas como la Madre Teresa de Calcuta, Mahatma Gandhi, Martin Luther King Jr., Nelson Mandela y tantas otras han logrado que nuestro mundo sea ahora mejor, más humano, más justo. Estas personas tenían un propósito muy noble para despertarse cada día.

La persona que tiene un propósito puede llegar tan lejos como se proponga, incluso si no sabe cómo llegar hasta allí. El propósito nos impulsa a superarnos y a aprender cualquier habilidad por difícil que sea.

Hay muchos tipos de propósitos detrás de las ventas, pero el simple hecho de beneficiar a nuestros clientes ya es un propósito honorable.

La persona que atiende a los clientes en un hotel tiene un propósito importante: lograr que los clientes disfruten de unos días excelentes de vacaciones antes de volver a su rutina diaria.

La persona que vende productos de higiene bucal tiene un propósito: lograr que sus clientes tengan la mejor salud bucodental y se sientan orgullosos de sonreír, más guapos y más atractivos, algo a lo que todo el mundo tiene derecho.

La persona que vende energía tiene un propósito: lograr que sus clientes ahorren y tengan la mejor solución para sus necesidades.

La persona que vende desarrollos informáticos tiene un propósito: lograr que sus clientes dispongan de soluciones eficaces y ágiles que les ayuden a funcionar mejor y a hacer que sus negocios sean más rentables y sus vidas sean mejores.

Y así, **cada comercial tiene un propósito ligado a lo que hace cada día, que es ayudar de una forma u otra a sus clientes.**

En un grupo de clínicas dentales con el que trabajamos, las personas se veían reticentes a ofrecer soluciones adicionales a los pacientes que visitaban la clínica como, por ejemplo, un blanqueamiento dental o unas carillas de porcelana para tener unos dientes todavía más blancos y perfectos. Muchas personas lo veían como molestar al cliente o venderle algo que el cliente no necesitaba. Sin embargo, no conectaban con el propósito, ya que cualquier paciente de una clínica dental desea sentirse mejor, y gran parte de ellos no se sienten orgullosos de su sonrisa. ¿Qué tal si pudiéramos mejorar su estética y ayudarles a sonreír más? Esto mejoraría su autoestima y confianza. Al final, el cliente es soberano para decidir si quiere o no un tratamiento, pero ¡tenemos que ofrecerlo si va a ayudar a nuestro cliente!

Algunos de mis clientes, por ejemplo, han sido bancos y cajas de ahorro. En estas entidades hace falta mucha conexión con el propósito porque muchos de los profesionales están conectados con otra idea que tiene más que ver con la zona de confort: suelen pensar que molestan al cliente al realizar acciones comerciales, o que no son bienvenidos y otras tantas creencias limitantes.

De lo que no son conscientes es de que, si ayudan a ahorrar a un cliente y a preparar mejor su jubilación, le estarán cambiando la vida. Tampoco son conscientes de que, si ayudan a otro cliente a contratar un mejor seguro para su hogar, pueden cambiar el rumbo de su vida ante una desgracia, como un incendio. O no son conscientes de que, cuando ayudan a una empresa con sus soluciones financieras, están dando viabilidad a un negocio que da de comer a muchas familias.

Siempre que he trabajado con este tipo de entidades ha sido importante hacer un cambio de creencias y una conexión con el propósito y la función social tan importante que tienen las entidades financieras.

La cuestión es que no conectar con el beneficio que aportamos a nuestros clientes nos hace creer menos en nosotros mismos y tener menos convicción en el proceso de venta, y eso se nota en los resultados, pues no convencemos.

Acción proactiva

¿Cómo, gracias a tu trabajo, mejoras la vida de tus clientes?

¿Qué obtienen ellos gracias a lo que tú haces?
¿Eres consciente de que ayudas a los demás de alguna forma gracias a tu trabajo?

Pero hay más tipos de propósitos, como veremos en el siguiente capítulo.

«Cuando trabajas con propósito, cada tarea, por pequeña que sea, tiene un significado mayor».

16
Tu propósito personal

Insisto tanto en identificar, describir y conectar con nuestro propósito porque sé lo difícil que puede ser para muchas personas hacer venta proactiva. Sé que se van a encontrar con muchas barreras y que muchas veces su autosaboteador querrá ponerles la zancadilla, de modo que querrán tirar la toalla y darse por vencidas. Por eso es importante saber por qué vendemos y por qué lo hacemos de forma proactiva.

Si no es suficiente el propósito de ayudar a nuestros clientes, es bueno que también conectes con otro tipo de propósito: tu propósito personal. Quizás coincida con el de ayudar a tus clientes, pero no siempre es así.

El propósito personal es el motivo final por el que haces lo que haces, el significado último. Por ejemplo, si pienso en mi propósito final, puedo identificar varios. Además de ayudar a las empresas y profesionales con los que trabajo a ser mejores, puedo ver que hago lo que hago porque:

- Me encanta crecer y mejorar, alcanzar maestría haciendo mi trabajo.
- Quiero ser un gran ejemplo para mis hijos.
- Quiero disfrutar de una calidad de vida determinada y ofrecerla también a las personas que quiero.
- Quiero dejar un legado para que miles de personas se puedan sentir inspiradas y motivadas para mejorar en sus carreras profesionales y en sus vidas en general.

Estos cuatro propósitos me guían también cada día. Son propósitos nobles, bajo mi punto de vista, como aquellos que puedes tener tú. Ahora me gustaría hablarte de algunos de los que he escuchado en estos años en muchos profesionales de la venta, por si te pueden servir de inspiración.

Demostrarme a mí mismo que puedo hacerlo

Hay personas que no han tenido las oportunidades que tú y yo hemos tenido, que no han podido disfrutar de algunas de nuestras ventajas para llegar hasta aquí, que se sentían más incapaces. Estas personas muchas veces desean demostrarse que pueden lograrlo, que pueden alcanzar metas ambiciosas que hace años, por circunstancias personales, familiares o sociales, quedaban lejos para ellas.

Ser un ejemplo

Todos los que somos padres o madres somos conscientes de que la mejor forma de educar es a través del ejemplo. Muchos vendedores se superan a sí mismos cada día y no se permiten desfallecer porque quieren ser un ejemplo de constancia y resiliencia para otras personas que quieren.

Proveer bienestar

Qué duda cabe de que a través de la actividad comercial logramos unos ingresos muy necesarios en nuestra economía familiar. Esos ingresos nos permiten proveer de bienestar, educación o calidad de vida a las personas que queremos. Gracias a esos ingresos extra que te permite la venta puedes, quizás, dar una mejor educación a tus hijos, ofrecer un mejor cuidado a tus padres o disfrutar de más calidad de vida.

Disfrutar la vida al máximo

A veces nuestro trabajo es el medio que nos hace disfrutar después de nuestra vida al máximo. Por ejemplo, conocí a un comercial cuyo propósito era conocer el mundo al máximo. Y cada año, gracias a sus ingresos por ventas, realizaba viajes por el mundo a lugares a los que la mayoría de nosotros no hemos ido todavía, y probablemente nunca iremos.

Superarme

La vida profesional nos sirve para superarnos y crecer cada día. Progresar es un propósito noble, ir a más, mejorar los números, los indicadores, la forma de trabajar. Para muchos de nosotros la idea de crecer y prosperar es altamente motivadora y supone cada día un aliciente para despertarnos y dar lo mejor.

Ayudar a los demás

Conozco muchas personas que no solo disfrutan del hecho de ayudar a sus clientes con los productos y servicios que venden, sino que además son excelentes compañeros y líderes; son personas que disfrutan compartiendo conocimiento, ayudando a otros y haciendo que los demás se sientan mejor. Este es un gran propósito, ¿no te parece?

Hacer historia

La idea de lograr retos y hazañas importantes es también algo que mueve a muchas personas a hacer su trabajo. Algo que indudablemente han logrado personas conocidas como Michael Jordan también está a tu alcance, aunque quizás a otra escala. ¿Te parece demasiado presuntuosa la idea de hacer historia? Pues es lo que mueve a muchas personas a hacer su trabajo. Va más allá del orgullo, tiene que ver con la superación, con la resiliencia y con la ambición.

Lograr maestría

Muchas veces no dominamos una actividad y queremos lograr maestría al hacerla. Esto es un gran movilizador, ya que para la persona curiosa e inquieta no saber cómo hacer algo de forma perfecta resulta incómodo. En consecuencia, quiere descubrir el camino, el método o el proceso para lograrlo. Y esto le mantiene motivado.

Estas son solo algunas de las ideas a tu disposición, pero eres tú quien tiene que definir ese propósito. Piensa que en la venta proactiva vas a hacer un viaje difícil, y aunque sobre el papel te pueda sonar muy bien, cuando te pongas a hacerlo te vas a encontrar con muchas dificultades. Te propongo un ejercicio:

¿Consideras que tener un propósito te puede ayudar a hacer mejor tu actividad comercial?

¿Qué tipo de propósito personal te resulta más atractivo?

Si pudieras definir el tuyo, ¿cuál sería? Intenta escribirlo en una o varias frases; elabora un párrafo que te pueda acompañar de ahora en adelante.

«Vivir con propósito es vivir con intención y conciencia. Si vives con un propósito, tu vida será mejor».

17
Tener objetivos
te sienta bien

El propósito se consigue cuando tenemos metas que cumplir. **El propósito es el destino, mientras que los objetivos son partes del camino que debemos recorrer.** Mucho hemos oído hablar sobre la importancia de tener objetivos en nuestra vida profesional, pero bien es cierto que este mensaje a veces pasa de largo y lo olvidamos, y nos volvemos a acomodar en nuestros quehaceres diarios que no tienen tanto que ver con la venta proactiva.

Los objetivos no se deben tener por tener, se deben tener porque nos hacen mejores en nuestro trabajo y en nuestra vida. Después de más de veinte años de carrera profesional me he dado cuenta de que conseguir objetivos está bien, pero lo que más me gusta es la **sensación de estar avanzando hacia los objetivos.** No nos tenemos que enamorar de la sensación de haber conseguido nuestros objetivos, sino de la sensación de estar en el camino, avanzando, saliendo de nuestra zona de confort cada día para llegar aún más lejos.

El tiempo de satisfacción y alegría después de haber logrado un objetivo suele ser muy breve; la dopamina y la sensación de logro que tenemos son frugales.

> ### *Reflexión movilizadora*
>
> Además de celebrarlo cuando llega a su meta,
> la persona que se orienta verdaderamente
> a los objetivos se pregunta: «¿Y ahora qué?,
> ¿cuál es mi siguiente meta?».

A todos los niveles conviene que en la vida tengamos objetivos siempre, incluso después de llegar a la hipotética edad de jubilación. ¿Por qué? Porque los objetivos nos mantienen más activos, motivados y en constante crecimiento.

La persona que ha perdido sus metas pierde la ilusión ¿Qué nos queda si no tenemos un propósito, una misión, unas metas, del tipo que sean?

Los verdaderos enemigos de los comerciales no son los objetivos ambiciosos, sino la zona de confort y la venta reactiva.

Al final de la década de 1950, el psicólogo Frederick Herzberg publicó su libro *The Motivation to Work,* en el cual explica su teoría, basada en evidencia científica, sobre la motivación en el entorno de trabajo. La teoría de la motivación de Herzberg, también conocida como *la teoría de los dos factores,* distingue entre factores de higiene (aquellos que debe haber para que no haya desmotivación) y factores motivacionales (los que motivan si están presentes).

Los factores motivacionales son aquellos que conducen a la satisfacción de la persona y al impulso de lograr más. Entre estos factores, Herzberg destaca **el crecimiento, el avance, la responsa-**

bilidad y el logro como elementos clave que impulsan la motivación. Establecer y perseguir objetivos claros se alinea perfectamente con estos factores motivacionales.

Analicemos ahora estos cuatro factores que destaca Herzberg.

Crecimiento

Cuando nos fijamos metas, nos retamos a nosotros mismos a aprender nuevas habilidades, a adquirir conocimientos y a superar nuestros límites anteriores. Este proceso de crecimiento nos hace lograr mejores resultados y aumenta la confianza en nosotros mismos. Según Herzberg, el crecimiento es un factor motivacional clave porque nos permite sentirnos más competentes y valiosos en nuestro entorno laboral. La venta proactiva supone crecimiento, ya que nuestros esfuerzos se ven siempre recompensados por más ventas.

Seguro que has experimentado alguna vez la sensación de estar creciendo. ¿Cómo te sientes en esos momentos?

Avance

Avanzar es motivador porque a todo el mundo le gusta ver que está mejorando sus indicadores. Si quieres perder peso y ves tu avance reflejado en los dígitos de la báscula cada semana, eso siempre será motivador. Si quieres vender más y ves que el número de visitas, propuestas y ventas va creciendo, sin duda te motivarás.

Cada vez que alcanzamos un objetivo, experimentamos una sensación de avance y movimiento hacia delante. Este sentido de progreso es altamente inspirador porque nos permite ver tangiblemente los resultados de nuestros esfuerzos. Avanzar está relacionado con ver que somos mejores en los indicadores.

Responsabilidad

Establecer objetivos incrementa nuestro sentido de responsabilidad. Al fijarnos metas, nos hacemos responsables de nuestro propio éxito y tomamos el control de nuestras acciones futuras. Esta responsabilidad nos motiva a trabajar con mayor dedicación y nos da una mayor sensación de control sobre nuestra vida profesional. Herzberg nos dice que la responsabilidad es un factor motivacional esencial, ya que nos empodera y aumenta nuestro compromiso con el trabajo. Hoy en día se busca que las personas se sientan empoderadas (*empowerment*) y tengan sensación de propiedad sobre sus resultados (*ownership*). Cuando una persona tiene objetivos claros y autonomía para lograrlos, entonces se siente responsable de lo que debe llevar a cabo.

Logro

Uno de los aspectos más motivadores de tener objetivos es la sensación de logro que se experimenta al alcanzarlos. Alcanzar una meta, especialmente una que ha requerido esfuerzo y dedicación, proporciona una inmensa satisfacción y un sentido de realización personal en proporción a la importancia de la meta. Esta sensación de logro se ve reforzada, además, porque es un reconocimiento a nuestros esfuerzos. Algo que podemos reconocernos nosotros mismos o que pueden hacer otros, ya sea en forma de elogios o de recompensas. Herzberg identifica el logro como un factor motivacional esencial, ya que contribuye significativamente a la satisfacción laboral y a la motivación de una persona.

Para que puedas tener un ejemplo de cómo tener objetivos nos hace llegar más lejos, además de estar motivados, consideremos un estudio realizado sobre un grupo de leñadores hace ya algunas décadas. Se les asignó la tarea de cortar la mayor cantidad de leña posible durante su jornada laboral. El grupo se dividió en dos: los que trabajaban sin objetivos específicos y los que tenían objetivos claros y medibles.

Los resultados fueron reveladores: los leñadores con objetivos bien definidos cortaron significativamente más leña que los que trabajaban sin una meta clara, aunque con la orden de cortar el máximo número de kilos durante la jornada. Este estudio destaca un principio fundamental en el ámbito comercial: tener objetivos dirige nuestros esfuerzos y maximiza nuestra productividad.

Tener objetivos nos hace tener las cosas claras. Sin un objetivo, nuestros esfuerzos se dispersan y pierden eficacia. Los leñadores con objetivos sabían exactamente cuánto querían cortar, lo que les permitió planificar su tiempo y su esfuerzo de manera más eficiente. En el mundo de las ventas, una persona necesita objetivos específicos claramente definidos. Muchas veces pensamos en objetivos como la cuota de ventas, pero, como veremos, esto de los objetivos va mucho más allá.

Saber que hay una meta por alcanzar nos mantiene comprometidos con la tarea. Los leñadores con objetivos estaban más motivados para superar su propia marca y lograr la cantidad de leña propuesta. En el ámbito comercial, un equipo de ventas con objetivos claros y alcanzables estará más motivado para cumplir su plan comercial.

Tener objetivos permite medir el progreso y obtener *feedback* constante. Los leñadores podían evaluar su rendimiento en función de la cantidad de leña cortada en comparación con su objetivo diario. Esta información les permitía ajustar sus técnicas y mejorar continuamente.

Acción proactiva

Determina ahora un objetivo comercial
para la semana que viene; trata de que sea
concreto y específico, y de que esté en tu mano
hacerlo realidad.

Los leñadores que alcanzaban sus metas puntuales experimentaban una mayor satisfacción personal, lo que a su vez impulsaba su motivación para el resto de las horas.

«El fracaso es solo una oportunidad para comenzar de nuevo, pero con más inteligencia».

TERCERA DIMENSIÓN

INDICADORES

18
La magia
de los indicadores

Los indicadores son los elementos clave de la venta proactiva. Seguro que recuerdas bien nuestra definición de *venta proactiva*; era la siguiente:

La venta proactiva es un enfoque comercial basado en la búsqueda constante de nuevas oportunidades de venta y fidelización, siguiendo unos métodos claros y unos indicadores concretos.

Lo que diferencia la venta a impulsos de la venta proactiva es el énfasis que ponemos en que existan indicadores, además de objetivos.

Los objetivos de ventas son necesarios en cualquier estructura comercial, ya que suponen el lugar de destino. Los objetivos, como hemos comentado en el capítulo anterior, nos hacen superarnos, crecer y motivarnos. En consecuencia, son necesarios al cien por cien.

Los indicadores se parecen a los objetivos, pero no cuentan con tanta forma de destino, sino que más bien se relacionan con el camino que hay que recorrer para llegar al destino.

Por ejemplo, imagina que quieres ahorrar para tener la mejor jubilación posible. El objetivo será la cantidad de dinero con la que te gustaría jubilarte, mientras que los indicadores serían todas aquellas cosas que tendrías que hacer mensual y anualmente durante los próximos años para llegar a tu edad de jubilación y tener la cantidad de dinero que deseas.

Mientras que los objetivos se nos quedan a veces demasiado lejos, los indicadores son cercanos, podemos ver su evolución y avance, y podemos realizar acciones para cumplir con ellos.

Muchos comerciales trabajan con objetivos, pero se han olvidado de que los objetivos se logran gracias a determinados indicadores.

Cuando el equipo sabe perfectamente qué pasos debe dar para lograr los resultados, entonces solo tiene que poner la atención y el foco en una cosa: en dar esos pasos.

En resumen, no hay negocio bien dirigido ni profesional comercial proactivo sin indicadores.

Un ejemplo sería un pequeño empresario que decide llamar dos veces al año a todos sus clientes que facturan más de diez mil euros anuales para reunirse con ellos. Gracias a esta reunión conoce sus necesidades y puede elaborar nuevas propuestas, que podrían ser aprobadas y contribuir a que los clientes sigan estables o creciendo.

Esas dos llamadas al año a cada cliente son un indicador bien claro, que a buen seguro muestra sus resultados en un número determinado de citas y propuestas.

Otro ejemplo de indicador bien claro y efectivo es el de un comercial del sector industrial que decide tener cuatro citas con potenciales clientes cada semana, además de los que ya tiene en cartera y que consumen sus productos de forma regular.

Pero ¿cómo fijar los indicadores? El mercado, nuestra propia experiencia y el tiempo de dedicación a la actividad comercial nos marcarán la proporción del indicador.

Por ejemplo, sabemos que es más fácil vender a un cliente actual que a uno potencial. Por lo tanto, las acciones comerciales con clientes actuales tendrán más éxito. Entonces, para calcular el número de llamadas que hay que realizar para conseguir hacer una propuesta, quizás cuando se trate de clientes actuales el número sea menor que cuando estos son potenciales clientes.

De esta forma, si estamos diseñando los indicadores que debemos seguir, podríamos decir:

- Debemos realizar 32 llamadas por semana a clientes actuales para lograr ocho propuestas. Es decir, en un 25 % de las ocasiones logramos despertar una necesidad.
- Tenemos que hacer 50 llamadas por semana a clientes potenciales para lanzar cinco propuestas, logrando una efectividad en este caso del 10 %.

El conocimiento de nuestro mercado es lo que da validez al indicador. De una decena de llamadas que realizas, ¿cuántas veces consigues despertar el interés para hacer una propuesta?

En cada mercado y para cada empresa será distinto.

Otro factor importante es el tiempo de dedicación a la actividad comercial. Hay personas, como yo, cuya actividad principal no es la venta, o lo es pero solo a tiempo parcial porque realizan muchas más funciones. También hay que tener en cuenta esto, ya que sus indicadores serán más modestos.

Al principio ponemos los indicadores intuyendo lo que va a ocurrir y basándonos en experiencias pasadas. Si sabemos que de cada diez propuestas nos aprueban cuatro, entonces ya sabemos cuántas propuestas tenemos que hacer si queremos cuatro pedidos, ¿verdad?

Con el tiempo todos nuestros indicadores tendrán coherencia y el sistema estará prácticamente afinado.

En muchos casos es la dirección comercial la que define estos indicadores, pero en las empresas pequeñas son los propietarios quienes tienen que diseñarlos.

Como ya he comentado, **en muchas empresas se pone el foco solo en el objetivo, y no tanto en el proceso, lo cual es un error que nos lleva hacia una venta sin método.** En estos casos, si eres comercial de una de estas empresas, te recomiendo que te marques tú mismo los indicadores que te harán tener éxito. De lo contrario, te costará mucho hacer realidad tus ventas.

Curiosamente, las empresas que conozco y a las que les va mejor en este ámbito tienen todas ellas unos indicadores claros. Estoy pensando ahora mismo en tres organizaciones: una tiene cerca de dos mil trabajadores; otra, alrededor de tres mil trescientos, y otra tiene casi cuatro mil. Les va excelentemente bien y son referentes en España.

En una de ellas, cada uno de los trescientos comerciales debe hacer ciento veinte visitas a clientes cada mes, de las cuales debe lograr unas sesenta propuestas de servicio (el 50 %), de las cuales, a su vez, necesita una aprobación de al menos quince, es decir, una de cada cuatro (el 25 %).

Pero ¿y si un comercial consigue el objetivo final sin tantas visitas? En ese caso se trataría de algo excepcional que habría que contemplar, ya que, gracias a sus capacidades, lograría el mismo resultado con indicadores diferentes. La pregunta clave es: ¿lo hace de forma consistente? Es decir, ¿lo hace un mes sí y otro también?

Cuando diseñamos unos indicadores es porque sabemos que, si los cumplimos, llegaremos al objetivo de forma genérica. Pero creo que es de sabios saber adaptarnos también a las diferentes casuísticas. Lo innegociable es que el objetivo se tiene que lograr. No obstante, aunque podría haber desviaciones sobre el sistema diseñado, conviene que estas desviaciones no sean muy amplias, porque esto crea agravios comparativos en los equipos.

Los indicadores no siempre tienen que ser numéricos en forma de cantidad de llamadas, citas, etc., ya que a veces es difícil medir con números algunas actividades. También se pueden utilizar indicadores de tiempo, es decir, de dedicación a una tarea en particular.

En mi caso, por ejemplo, suelo reservar un bloque de tiempo cada semana para realizar seguimiento comercial y lograr nuevas citas con clientes. Este bloque, de dos horas semanales, es un bloque de tiempo enfocado. Es decir, durante dos horas solo hago eso. Esta cantidad se debe a que mi actividad diaria está más relacionada con la ejecución de conferencias y programas de formación de alto impacto, y por lo tanto no dedico demasiado tiempo a abrir mercado, aunque sí lo hace mi equipo.

Otro ejemplo de indicador de tiempo es el que emplea un comercial que conozco, quien dedica una mañana completa a lograr las citas que necesita para la semana siguiente; todas las semanas la misma mañana. Durante esa mañana logra todas las que puede marcándose un mínimo de citas. A continuación, destina un día y medio a la semana a realizar solo visitas a clientes que previamente ha agendado.

En consecuencia, no importa tanto el modo o la forma, lo primordial es tener indicadores claros a los cuales poder ceñirse.

«La mejor forma de conseguir tus objetivos anuales es centrar tu atención en esos pequeños pasos que puedes dar cada día».

19
¿Cómo son
los indicadores?

Como sabes, **los indicadores son, después de nuestra motivación personal, la unidad más importante para realizar venta proactiva.** Es positivo, por lo tanto, que nos detengamos a analizar cómo tienen que ser y qué tipo de indicadores tenemos a nuestra disposición.

Nuestros indicadores tienen forma de lugar de llegada, de objetivo que hemos cumplido, por lo que tenemos un acrónimo para definirlos mejor: META.

El **acrónimo META** hace referencia a cinco cualidades que tienen que existir en los indicadores. Cada vez que nos sentemos a diseñar nuestro plan de proactividad comercial o el de nuestro equipo, tenemos que pasar por el filtro META todos los indicadores que estemos definiendo.

El acrónimo META está formado por:

(M)edible

¿Cómo puede existir un indicador que no podamos medir? Si no lo podemos medir, no es un indicador. Es decir, las variables que no podemos poner en un tablero de indicadores no son indicadores. El tablero de indicadores, como veremos más adelante, es un elemento central en la proactividad comercial, ya que nos indica cómo vamos en tiempo real.

El número de llamadas realizadas, de visitas mantenidas, de propuestas enviadas, el volumen ofertado, el número de clientes captados, el tiempo dedicado... Todo esto puede y debe medirse.

¿Imaginas cómo sería el proceso de perder peso sin poder mirar la báscula? O ¿cómo sería ahorrar a largo plazo sin ver nunca los dígitos de tu cuenta bancaria?

(E)specífico

Uno tiene que saber con exactitud qué es lo que debe hacer para lograr que se haga realidad un indicador. De alguna forma tiene que ser algo automático, que no dé lugar a dudas, que no permita tiempo para pensar.

Cuando pensamos demasiado sobre la forma de conseguir nuestros indicadores, nuestro autosaboteador entra por la puerta y acabamos por poner el foco en cuestiones más superficiales.

No importa si dirigimos un equipo o si somos nosotros los comerciales, antes de ponernos a ser proactivos comercialmente tendríamos que aclarar cómo sabemos que hemos logrado el indicador.

Por ejemplo, no es lo mismo hacer llamadas a clientes actuales que a clientes potenciales. No es lo mismo hacer una propuesta reactiva (que nos han pedido) que una proactiva (que hemos provocado nosotros). No es lo mismo una llamada telefónica que una cita presencial. Todo tiene un valor y un peso.

De manera que, por ejemplo, para el número de propuestas enviadas a clientes, quizás no nos valga que todas estas propuestas sean reactivas y haya que determinar un porcentaje de las propuestas enviadas como proactivas.

(T)emporal

Es evidente que detrás de cualquier indicador tiene que haber unos tiempos asignados. Es decir, que el objetivo mensual de visitas, llamadas, propuestas o volumen es mensual, y tenemos todo el mes para llevarlo a cabo. Acotar cuándo tenemos que haber cumplido el indicador es clave.

(A)lcanzable y ambicioso

Para la A tenemos dos características que parecen ser contrapuestas, pero que en realidad no lo son: alcanzable y ambicioso. Algunas personas acostumbran a trabajar con indicadores tan alcanzables que la idea de reto, desafío y dificultad no existe. Otras, en cambio, tienen metas tan ambiciosas que sienten que no pueden hacer nada por conseguirlas, por lo que en ocasiones tiran la toalla.

El hecho de que nuestros objetivos estén equilibrados entre estas dos dimensiones los hace interesantes. Sabemos que los indicadores tienen que poder alcanzarse para ser motivadores, pero también sabemos que, si un indicador no es ambicioso, entonces quizás no moviliza lo suficiente nuestra energía interior. Los retos no solo son motivadores, sino que además hacen que lleguemos más lejos.

Asimismo sabemos que la ambición nos mueve y nos hace ser mejores, siempre que esta sea saludable y alcanzable dentro de nuestras posibilidades.

Ahora que estás familiarizado con esta fórmula es el momento de que pienses en algunos de tus indicadores comerciales. Si aún no los habías tenido, es decir, si solo tenías objetivos, y si además sueles cumplir con las metas que te propones, etonces es posible que pienses que no necesitas indicadores comerciales.

En este sentido debo decirte que son muchas las empresas y los comerciales que logran objetivos por variables ajenas a su proactividad comercial. Por ejemplo, en un mercado alcista, en el que cada vez el propio mercado crece un 10% anual, las empresas crecen sin esfuerzo, indicadores ni objetivos.

Cuando tenemos poca competencia, tampoco hacen falta muchos indicadores.

Y si nuestra empresa tiene una estructura de costes muy reducida y financieramente está muy saneada, a veces nos falta ambición por crecer y tampoco establecemos indicadores.

En definitiva, cuando se juega con ventaja, muchas personas no se ponen indicadores. Pero ¿hasta cuándo jugarás con ventaja? O ¿cómo de seguro estás de que mantendrás esa ventaja con los años? O, mejor todavía, ¿no crees que es tu responsabilidad lograr, con los mismos recursos, más resultados?

En el sector de las ventas hay comerciales que llevan muchos años vendiendo y que tienen una importante cartera de clientes, con lo que se han acomodado. Estos comerciales suelen tener buenos resultados de ventas mensualmente. Digamos que la ventaja de la experiencia y de un pasado mejor genera que su presente no sea del todo negativo. Pero ¿están haciendo todo lo que pueden?, ¿están asegurando su futuro al cien por cien?

Yo sé que me gano muy bien la vida sin hacer proactividad comercial, pero ¿estaría siendo mi mejor versión? No, todos sabemos que acomodarnos es perder, que si no crecemos estaremos decreciendo y que nuestras capacidades menguan, y que la única forma de asegurar el futuro es creándolo.

Toma un indicador de los que definen tu actividad comercial y pásalo por el filtro META:

- Es medible: ¿cómo lo mides?
- Es específico: ¿en qué consiste?
- Es temporal: ¿qué plazos te marcas?
- Es alcanzable y ambicioso: ¿cómo sabes que lo puedes alcanzar?, ¿en qué medida te saca de tu zona de confort?

«Sin datos, solo eres otra persona con una opinión».
W. Edwards Deming

20
Tipos de indicadores

En este capítulo vamos a definir algunos de los tipos de indicadores más necesarios para realizar venta proactiva y por qué es interesante tenerlos.

Los indicadores van unidos a las fases de un proceso de venta, ya que en todas las fases del embudo hay números que conviene definir. Muchas veces pensamos en el proceso de venta como todo lo que ocurre mientras estamos con el cliente dentro del embudo de ventas, pero a veces un indicador no está dentro del embudo.

Por ejemplo, para muchas empresas, especialmente para las pequeñas o medianas, el mapeado de posibles clientes es ya una forma de empezar a tener indicadores. Detenerse a analizar el mercado, los potenciales clientes, Google Maps, LinkedIn, bases de datos o cualquier otra herramienta nos puede ayudar a ampliar nuestra cartera de potenciales clientes que explorar. No obstante, esto lo podemos hacer esporádicamente o de manera proactiva, es decir, con un indicador concreto y acotado. Es obvio que, cuantos más potenciales clientes tengamos, más fácil nos resultará luego poder vender.

Un indicador en la misma línea que puede ser muy útil es la generación de contactos valiosos en una red social profesional, como puede ser LinkedIn. Si, por ejemplo, cada semana amplías intencionadamente el número de contactos valiosos en esa red social en diez personas, en poco tiempo habrás logrado un gran número de conexiones con ellos, que se convertirán en interacciones que podrían llevar a la venta en un futuro. En este sentido, **la proactividad en LinkedIn no tiene que ver con pedir amistad a discreción, sino con hacer una buena búsqueda, seleccionar contactos valiosos y solicitar conexión con ellos, para posteriormente establecer un contacto bidireccional.**

Un contacto más personal es el que se establece a través de un *e-mail*, una llamada telefónica o una conversación en LinkedIn, aunque conviene diferenciar claramente las llamadas de los contactos por escrito, ya que estas son todavía más relevantes. La llamada supone un plus de efectividad, y bajo mi punto de vista conviene hacerle un hueco aparte.

¿A cuántos clientes hemos llamado?

¿Con cuántos hemos establecido una conexión y hemos podido conversar?

De todos los clientes con los que hemos hablado, ¿en cuántos casos se trataba de llamadas proactivas y cuántas han sido reactivas (es decir, que las hemos hecho porque el cliente nos ha solicitado o pedido algo)?

¿En dicha conversación hemos podido profundizar o ha sido un simple «Ahora no puedo hablar, llámame otro día»?

Habría que diferenciar todos estos aspectos para no engañarnos. Lo más valioso, como puedes imaginar, son las llamadas en las que podemos profundizar en el proceso de venta o lograr una cita para otro día, que puede ser telefónica, por videollamada o presencial.

Las citas son momentos de más intensidad comercial y en los que ya estamos algo más dentro del embudo de ventas que cada empresa tenga. Una cita, que puede establecerse por canal telefónico, videollamada o de forma presencial, es un momento único para poder conquistar.

La efectividad de la cita va a variar considerablemente dependiendo del tipo de cita. Podemos afirmar que, en las ventas, la conocida frase de «el roce hace el cariño» es cierta, por lo que, a más cercanía, más efectividad.

No es lo mismo un *e-mail*, una llamada, una videoconferencia o una visita con el cliente en sus instalaciones que lograr que este acuda a nuestras instalaciones. Y si además podemos tomar un café o almorzar juntos... **Cuanta más cercanía y tiempo de interacción con el cliente que nos interesa, más efectividad comercial.**

A pesar de esto, como la actividad comercial requiere enfoque, tenemos que asegurar muy bien en qué invertimos nuestro tiempo, y quizás invertir mucho tiempo en una oportunidad con poco potencial es una mala idea. Es decir, una reunión presencial a la que dedicamos un par de horas con un cliente tipo C (dentro de las categorías A, B y C de clientes) quizás no tendrá mucho sentido. No obstante, cada empresa, en función de su modelo de negocio y sus recursos, es la que debe decidir qué tipo de citas tiene dentro de su forma de vender. Conozco empresas que firman contratos multimillonarios sin prácticamente visitas presenciales. Hoy en día, por suerte, la digitalización ayuda mucho a la eficacia comercial.

En mi caso particular, cuando identifico un cliente con un alto potencial para los próximos años, prefiero invertir tiempo y recursos en una visita presencial. Nuestra capacidad de generar interés, el tiempo invertido y la conexión emocional son mayores cuando interactuamos cara a cara.

De las citas (virtuales o presenciales) que mantenemos con nuestros clientes surgirán propuestas de servicio. No todas las citas generan una propuesta, pero nuestro objetivo es que sí lo hagan. Una diferenciación que hacen algunas empresas no solo es por el número de propuestas, sino también por el volumen económico de estas. Podemos **entender que el peso específico de cada propuesta es diferente dependiendo del volumen de facturación que prometa.**

En las citas y propuestas **conviene diferenciar cuántas han sido proactivas y cuántas reactivas,** ya que todos sabemos que, de forma natural, algunas citas o propuestas vendrán a nuestra agenda sin esfuerzo alguno y otras las provocaremos.

Otro de los indicadores clave para el rendimiento comercial es el tipo de seguimiento que realizamos de las propuestas que hemos elaborado. Está más que demostrado que **una propuesta sin seguimiento tiene más probabilidad de no hacerse efectiva que una a la que sí le hacemos seguimiento.**

Reconozco que muchos comerciales se sienten desbordados, y de alguna forma sienten que su trabajo ha finalizado en el momento en el que envían la propuesta a su cliente. Pero lo cierto es que hasta ese momento solo hemos hecho una parte del trabajo; **si no cerramos cada operación comercial con éxito (o sin él), todo el trabajo realizado será en balde.**

Por este motivo nos interesa tanto averiguar cuánto seguimiento haremos hasta que sepamos si la propuesta va o no hacia delante para convertirse en un pedido. En nuestro CRM hay tres estados para las propuestas: enviadas, aceptadas o rechazadas y en espera. El tercer estado nos lleva a realizar un seguimiento periódico.

Al hacer el seguimiento de nuestras propuestas enviadas, podemos tomar el pulso del mercado constantemente, ya que el cliente nos da *feedback*, en el que nos habla sobre sus procesos de decisión, otros competidores, lo que le parece nuestra propuesta y mucho más.

El seguimiento nos lleva a las propuestas aprobadas que ya van directas hacia el objetivo de ventas, que es lo que finalmente se busca.

Lo que siempre es importante definir es:

1. ¿Cómo es nuestro embudo o *funnel*?
2. ¿Qué fases tiene?
3. ¿Qué indicadores pondremos en cada fase, especialmente diferenciando los reactivos de los proactivos?

Aunque ser proactivos no solo implica seguir un modelo de negocio tradicional como el que acabas de ver, también en otros ámbitos podemos actuar con proactividad e indicadores.

Por ejemplo, en nuestro caso cada semana publicamos dos vídeos en YouTube desde 2016, y nuestro canal de YouTube cuenta con unos cuarenta mil suscriptores y ochenta mil visualizaciones cada mes. Es una forma de ser proactivos en lo digital. De vez en cuando incluso nos fijamos metas más ambiciosas, como ha sido la creación de un pódcast o la realización de vídeos de más duración, que también entran dentro de nuestra forma de actuar con proactividad, ya que todo tiene indicadores.

En consecuencia, cada negocio tiene que definir sus propios indicadores:

- Felicitaciones enviadas a los clientes en ocasiones especiales, como Navidad, cumpleaños, campañas...
- Contactos esporádicos con los clientes.
- Llamadas.
- Citas.
- Propuestas.
- Seguimientos.
- Número de productos adicionales que se ofrecen a un cliente.
- Contenidos publicados en forma de vídeos horizontales, verticales, *e-books*, libros, publicaciones y otros en diferentes redes sociales.

En definitiva, tu empresa y tú tenéis que sentaros y decidir cuántos indicadores deberíais tener y **cuántos serían realistas y alcanzables, pero al mismo tiempo os sacarían un poco de vuestra zona de confort.**

Si quieres que algo ocurra, define un indicador; de lo contrario, es posible que no ocurra nada interesante.

Pero ¿cada cuánto tiempo se deben poner objetivos sobre los indicadores? En los últimos años, los objetivos sobre indicadores han ido acercándose más, es decir, cada vez son más próximos en el tiempo. Las empresas han pasado de tener objetivos anuales a trimestrales y mensuales. En muchas empresas se gestionan objetivos semanales, que creo que es una forma muy saludable de planificar, enfocarse y conseguir determinados indicadores, aunque considero que uno también debe tener en mente objetivos diarios para cumplir en su desempeño. **Lograr ciertos indicadores día tras día nos hace ser mejores y no despistarnos.** A pesar de esto, también reconozco que hay sectores y modelos de negocio que funcionan mejor con objetivos semanales o mensuales.

Conviene no perder de vista la idea de que, cuando nuestros objetivos están demasiado lejos, por lo general perdemos motivación en los primeros días e incrementamos los esfuerzos en los

---

Acción proactiva

Ahora sí es el momento de definir los indicadores de tu negocio o actividad comercial en todas sus dimensiones:

- ¿Qué indicadores te resultarían más interesantes?
- ¿Cuántas veces habrá que lograr cada indicador y cada cuánto tiempo? (Por ejemplo, diez visitas presenciales cada semana).
- ¿Habrá indicadores relacionados con el mundo digital? ¿Qué indicadores te marcarías?

Chequea finalmente que los indicadores sean META, siguiendo las indicaciones de este acrónimo.

últimos. Sabemos que lo que mejor funciona es que día tras día vayamos dando pasos hacia nuestros objetivos.

No obstante, como otras cuestiones de la venta proactiva, el enfoque a medida para cada empresa es lo que mejor funciona: para algunas empresas será semanal; para otras, mensual o trimestral, y para otras, diario.

«La acción más pequeña es mejor que la intención más grande».

JOHN BURROUGHS

21
Utilizar la tecnología

Hacer uso de la tecnología para ayudarnos a ser comercialmente proactivos me parece una de las mejores cosas que podemos hacer, más que nada porque de lo contrario no logramos una alta producción comercial.

Funcionar comercialmente sin tecnología provoca que vayamos sin rumbo, o con muy poca orientación, ya que dependemos de nuestra memoria, nuestras notas y nuestra motivación para realizar la actividad comercial.

Los jefes, por otro lado, tenemos fama de ser muy molestos cuando realizamos el seguimiento del equipo y preguntamos: «¿Has hecho las llamadas?, ¿estás teniendo las reuniones que comentamos?». Y ese *micromanagement* no deja de ser altamente desmotivador. Sin embargo, si la tecnología se ocupa de hacer el seguimiento y analizar cómo lo estamos haciendo a nivel comercial, entonces nos garantizamos mucha mayor adherencia al plan establecido.

Lo bueno de la tecnología es que nos permite multiplicar nuestros esfuerzos, ya que hace de palanca. Si, por ejemplo, somos nosotros los que tenemos que recordar que hay que enviar un *e-mail* a determinado tipo de clientes cada vez que hacemos una campaña, puede que se nos olvide o que no lo enviemos a todos los clientes de esa campaña. En cambio, si el propio sistema nos facilita el listado de clientes y nos indica a quién hay que enviar dichos *e-mails* y la fecha límite en la que hay que enviarlos, entonces la tecnología nos está apalancando, nos está forzando.

Lo que suele ocurrir en muchos equipos comerciales de pequeño tamaño es que no se invierte demasiado tiempo en descubrir e implantar aplicaciones tecnológicas para la mejora comercial. Y entonces se pierde este efecto palanca.

Por otro lado, todos necesitamos un jefe, alguien que nos diga lo que hay que hacer en cada momento. Y, como decía antes, eso puede resultar muy molesto cuando proviene de un jefe, así que lo mejor es dejar para el líder la parte de inspirar, motivar y desarrollar a su equipo. Sin embargo, ese empuje diario de «hay que hacer esto» es mucho mejor que lo haga la tecnología por nosotros.

Lo ideal es que abramos una pantalla y que en ella se nos indiquen las actividades comerciales que hay que realizar a lo largo de la jornada laboral.

No obstante, soy consciente de las muchas limitaciones que existen en este ámbito, en unas ocasiones porque las personas que tienen que ponerlas en marcha no están tan familiarizadas con la tecnología, y en otras porque cuesta tiempo y recursos ponerlas en marcha.

Aun así, no debería haber excusas, ya que una simple hoja de Excel con un poco de automatización nos puede servir para reportar actividad y hacer seguimientos, indicándonos qué es lo que hay que hacer cada día.

No obstante, y afortunadamente, ya hay cientos de personas que han pensado en cómo facilitar la vida a las empresas en lo que a acciones comerciales y relación con clientes se refiere. En este sentido, la mayoría de las herramientas CRM que vemos en el mercado pueden ser positivas y nos ayudarán a potenciar la actividad comercial proactiva.

Aplicaciones como Salesforce, ForceManager, Zoho CRM, HubSpot, Microsoft Dynamics 365 y muchas otras pueden ser de gran ayuda para tu empresa. Pero no te equivoques, el CRM no es la solución, es solo una herramienta que, bien utilizada, puede apalancar tu actividad comercial si te lo propones.

Este tipo de aplicaciones no son la panacea, ya que la actividad comercial proactiva es una actitud, una forma de pensar y de hacer, más allá de que podamos utilizar la tecnología para apoyarnos. Conozco equipos que trabajan con Microsoft Dynamics 365 y, sin embargo, su proactividad es muy baja. Organizan muy bien la información comercial, pero no son proactivos.

Además de esto, toda tecnología supone una capa adicional en el proceso: hay que reportar a la tecnología lo que está ocurriendo, hay que abrir pantallas, indicar datos. Como todo en estos aspectos, **de la calidad de los datos que introduzcamos dependerá la calidad de los datos que extraigamos.** Un CRM bien alimentado puede ser muy útil, al igual que un CRM poco alimentado no servirá para mucho.

Lo que me parece remarcable de los CRM es su capacidad para automatizar los procesos, de forma que muchos avisos relacionados con las actividades se producirán de forma automática. Por ejemplo, después de enviar una propuesta, a los tres días tendré una tarea pendiente: «Hacer seguimiento». Esto me fuerza a hacer el seguimiento y, por lo tanto, a estar más pendiente de la venta.

«Haz que la tecnología sea una de las principales palancas para tu evolución comercial».

22
Atraer clientes

De forma escrita, telefónica o presencial tenemos que avanzar siempre hacia los clientes; eso debería ser un mantra para la mayoría de nosotros. Y para este cometido no podemos dejar de lado la gran oportunidad que surge ante nuestros ojos con la llegada del *marketing* de atracción, que en definitiva supone la creación de estrategias digitales para que los clientes vengan a nosotros.

A medida que van desarrollándose cambios en la sociedad, también las empresas y los comerciales tenemos que ir adaptándonos. Eso sí, la adaptación tiene que ser inteligente y siempre fundamentada en los resultados.

Por ejemplo, conozco emprendedores que creen que solo haciendo publicaciones en las redes sociales podrán conseguir clientes. Es evidente que se equivocan.

Y también conozco comerciales tradicionales que desdeñan el poder de la digitalización y no se apoyan en todo lo que la tecnología puede hacer por ellos.

Se trata de encontrar un equilibrio acertado y conseguir que coexistan las estrategias tradicionales y la presencia y estrategias de atracción, aunque siempre con indicadores.

Podemos decir que existe un *marketing* de atracción *offline* y otro *online*. Por ejemplo, este libro sería un ejemplo de *marketing* de atracción *offline*. Es posible que después de leerlo te sientas interesado por nuestra actividad, por mis contenidos en las redes sociales o nuestro canal de YouTube, y con los años podrías organizar con nosotros algún programa de formación o conferencia para tu equipo, o bien asistir a uno de los seminarios en formato abierto que realizamos periódicamente.

No obstante, lo más común no es publicar libros, sino publicar contenidos en forma de texto, vídeo o imagen en redes sociales, blogs, etc.

Considero que las empresas en su mayoría gozan de mucho *know-how* que merece la pena que sea compartido. Conocer productos, escuchar entrevistas y pódcast, ver vídeos..., todo esto es necesario para tus clientes potenciales.

Si un *lead* ha estado fidelizado a tu marca en el mundo digital, tendrá mayor probabilidad de convertir que ningún otro.

Esta parte particularmente me parece una gran oportunidad hoy en día para cualquier empresa. En mi caso no deja de ser algo especial, pues una persona de mi equipo se ocupa casi a tiempo completo de que todos nuestros contenidos en vídeo, imagen y texto estén presentes cada día en la red. La inversión es alta, pero el retorno de la inversión es mayor, pues muchos de nuestros clientes aparecen debido a que se han vinculado conmigo en las redes sociales de alguna forma.

Sin embargo, para una empresa de mayor tamaño la inversión es ínfima para el retorno que puede tener la creación de contenidos y su difusión. De hecho, cualquier pieza de contenido que se cree, cuando es compartida por todo el equipo comercial (supongamos unas veinte personas), acaba alcanzando a un gran público, entre el cual se encuentran muchos clientes potenciales.

¿Qué tipo de contenidos digitales sería recomendable crear para atraer clientes? Bien, lo que nos demuestran las últimas tendencias es que el vídeo es fundamental. Parece que ya no nos detenemos a leer y prestamos más atención a redes sociales como YouTube, LinkedIn, Instagram o TikTok en todo lo que son contenidos en vídeo.

Pero no te aconsejo que seas impulsivo en este tema, pues lo que más funciona es la meticulosidad y la constancia. Es decir, una vez que definas qué vas a publicar, busca una estrategia de publicación periódica que puedas mantener *ad infinitum*.

Vídeos horizontales

En un contexto B2B, los vídeos verticales crean mucho valor y aportan mucho contenido. Vídeos cuidados que hablen de los productos, las tendencias, tu mercado, cómo utilizar tus productos, con entrevistas u otros aspectos son altamente recomendables. Una duración interesante podría estar entre los cuatro y los quince minutos.

Vídeos verticales

Los vídeos verticales son hoy en día la tendencia y el contenido más viral en redes sociales como Instagram y TikTok. Incluso YouTube tiene sus *shorts* para este tipo de contenido.

Este contenido es de más fácil creación, ya que no requiere de más de un minuto. También resulta efectivo tomar uno de tus vídeos horizontales largos y extraer de él los mejores contenidos para varios vídeos verticales cortos e impactantes. Por ejemplo, de un pódcast horizontal de unos treinta minutos podemos extraer cuatro o cinco píldoras verticales de menos de un minuto. Hoy en día, además, gracias a las herramientas de inteligencia artificial esta selección y edición resulta casi automática.

Dependiendo del sector en el que estemos, el tipo de empresa y lo que queramos transmitir, habría que optar más por uno u otro tipo de vídeo, pero las dos estrategias pueden convivir sin ninguna duda. En nuestro caso, desde el año 2016 cada semana publicamos dos vídeos horizontales, y desde hace menos tiempo cada día subimos dos vídeos verticales en todas las redes que lo permiten.

Pódcast

En 2019 conocí a Randi Zuckerbert, la hermana del fundador de META, en una conferencia. Ya entonces dijo: «El pódcast será tendencia en los próximos años; no subestiméis este tipo de contenidos». Y así fue en los siguientes años. Hoy en día el consumo de pódcast ha explotado a nivel mundial y supone un gran volumen de negocio y contenidos cada día.

En las diferentes plataformas también puedes escuchar mi pódcast, donde hablo sobre crecimiento profesional y personal.

No hace falta ser un *influencer* para tener un pódcast; cualquier empresa puede hacerlo, y esto será de gran valor tanto para la empresa como para sus clientes. En él la empresa puede crear el contexto, dar forma a la conversación, entrevistar a personas de dentro de la empresa y externas..., y convertirse en una tendencia de su sector.

Imágenes

Quizás cada día se vea menos el uso de imágenes, pero qué duda cabe que podemos utilizar infografías o fotos interesantes junto con los textos para aportar valor a una comunidad.

Al respecto, el principal miedo de muchas empresas podría resumirse en algo así como: «Pero ahora mi competencia va a verme y va a tener más información». Yo creo que, por un lado, este mensaje está fuera de época y, por otro lado, que todos tendríamos que saber qué información compartir y cuál no. **Que generemos contenidos y aportemos valor no implica desvelar información clave. Como siempre, hay que saber qué compartir. Además, especialmente a nivel empresarial, tiene que haber una estrategia dirigida.**

Acción proactiva

¿En qué medida en tu empresa sacáis todo el partido que podéis del *marketing* de atracción?

Del 0 al 10, evalúa tu nivel de satisfacción en relación con los contenidos creados del tipo:

- Contenidos horizontales
- Contenidos verticales
- Imágenes
- Pódcast
- Otros

¿En qué tendrías que mejorar?

¿Qué harás para lograrlo?

Lo que más me ha gustado siempre de compartir contenidos es que tienes que crearlos, y para crearlos debes y quieres hacerlo bien, por lo que será muy necesario documentarte y esforzarte para generar un contenido de la mejor calidad. **Y esto te hace aprender y empoderarte muchísimo. Recuerda que la mejor forma de aprender es enseñar.**

«En la medida en que das, recibirás».
PROVERBIO LATINO

CUARTA DIMENSIÓN

EL CAMINO

23
El camino
va a ser difícil

Para qué nos vamos a engañar; mejor que te lo diga ahora que no que lo compruebes por ti mismo: el camino será difícil, y dependerá de muchos factores que se pueda complicar tanto que incluso tengas ganas de tirar la toalla. Pero no desfallezcas, hay mucho que podemos hacer.

La venta proactiva, al ser un tipo de venta en el que tenemos que hacer acciones constantemente (muchas de las cuales nadie nos ha pedido), nos pone frente a las cuerdas como comerciales y provoca que en muchos momentos no nos apetezca realizarla, no encontremos el tiempo o simplemente pensemos en dedicarnos a otra cosa.

El ser humano puede ser muy proactivo, pero también es por naturaleza algo reactivo. Aquello de la ley del mínimo esfuerzo es una realidad, y si nos dan a elegir entre algo que nos genera un beneficio en el presente (quedarnos cómodos sin hacer nada) y algo que nos dará una rentabilidad el año que viene (llamar a clientes de forma proactiva), es posible que elijamos la primera opción.

Afortunadamente, como vamos a ver en esta parte del libro, esto es algo para lo que podemos prepararnos, ya que podemos entrenarnos y crear ciertos hábitos.

Quizás la mayor dificultad de la implantación de modelos de venta proactivos es que puede que el equipo (si formamos parte de uno) se rebele contra el sistema. Digamos que el autosaboteador de cada miembro del equipo asoma la cabeza y dice: «Esto de la venta proactiva no es buena idea. Estábamos mejor antes». Y ese saboteador contagia a otro, y ese, a otro..., y así hasta que el equipo en su conjunto acaba por no comprar el método.

Esto es algo habitual y con lo que siempre contamos. Nuestros autosaboteadores tienen un gran poder, y cuando se juntan y hacen piña, más todavía. Imagina que eres el padre o la madre de una familia de cinco hijos con pocos hábitos saludables y de repente empiezas a despertarlos una hora antes porque hay que hacer un poco de ejercicio todos los días. Opondrían resistencia, ¿verdad?

Pues bien, la venta reactiva se equipararía a esos hábitos poco saludables; es ese tipo de venta que no nos sirve para ser longevos como empresa. Más allá de la generación de cualquier beneficio que aporte, la venta proactiva es la mejor forma de lograr resultados, longevidad y satisfacción; es como esos hábitos saludables que necesitamos.

La resistencia de uno mismo para adoptar este enfoque comercial puede ser considerable. Si trabajas para ti mismo o eres un pequeño empresario, te darás cuenta de que tú mismo encuentras excusas para todo. Parece que nunca es un buen momento para hacer venta proactiva.

Pero no pasa nada, contamos con ello. La resistencia al cambio se vence con normalización, determinación y concienciación.

Normalización

No convirtamos algo que le ocurre al 99 % de los comerciales en una excepción. **Es normal que nos cueste vender de forma proacti-**

va, y no pasa nada. Esto forma parte de lo que sería habitual para cualquier persona.

Comentémoslo, hablemos de ello, escuchemos a los demás y simplemente permitamos que las emociones asociadas a este modelo de venta se puedan expresar libremente.

Determinación

Lo que llevará a buen puerto la venta proactiva es la determinación de todos por hacer de ella un hábito, especialmente la determinación que debe existir desde la dirección del equipo. En este sentido, conviene que nos recordemos a nosotros mismos por qué hay que ser proactivos.

Yo me lo recuerdo cada día: «Es la mejor forma de asegurar la longevidad de la empresa. Lo contrario es dejarse llevar a merced del viento sin saber bien a dónde ir, sin saber qué pasará con nosotros en los próximos años».

Al hacer venta proactiva buscamos certezas, seguridad, certidumbre. No vendemos de forma proactiva porque seamos más ambiciosos o egoístas que los demás, sino porque nos encontramos inestables y queremos asegurar el bienestar y la prosperidad.

Concienciación

¿Cómo se puede llevar a cabo con éxito un proceso de cambio de este tipo? Con mucha formación del equipo y concienciación. Para ello habrá que invertir tiempo en tener conversaciones, hacer talleres de formación, vender en directo con el equipo... En definitiva, implicarse en que el proceso de cambio salga bien.

Como en cualquier otro proceso de cambio, eliminamos las emociones tóxicas que podamos sentir, como frustración, enfado o miedo, y nos centramos en sostener la incomodidad del presente hasta que logremos ver que el sistema está funcionando.

«La incomodidad es la esencia del aprendizaje».
JOHN DEWEY

24
Centrarse
en lo importante

Cada día comienza con múltiples tareas que hay que realizar. Nuestro día a día profesional está plagado de quehaceres por resolver, incidencias que solventar, pedidos que introducir en el sistema, conversaciones, reuniones, llamadas, asuntos administrativos, interrupciones... ¿Te suena?

A todo esto yo lo llamo la *operativa*, todo eso que hacemos para que nuestra empresa funcione. Es algo así como hacer girar una rueda para que produzca algún tipo de retorno en forma de rentabilidad. Sabemos que girar la rueda producirá ingresos. Y, por lo tanto, hay que girarla; eso es indudable.

Sin embargo, ¿funcionará siempre esa rueda?, ¿seguirá estando dentro de diez años? A estas preguntas no podemos darles respuesta. Entonces, ¿qué nos queda? Lo que nos queda es, además de hacer girar la rueda, intentar buscar nuevas ruedas o mejorar la que ya tenemos, porque lo que sí es cierto es que algún día nuestra rueda puede estropearse o quedar obsoleta.

A esa búsqueda de un futuro mejor yo la denomino *estrategia*. **Suele ocurrir que nuestra vida profesional está demasiado en la operativa y se olvida de la estrategia.** Es común para la mayoría de los profesionales que conozco. No te imaginas cuántos altos directivos me dicen que no les queda tiempo para esa parte estratégica de sus funciones. Parece que la operativa tiene el poder de dejarnos sin tiempo para la estrategia. ¿Te ocurre lo mismo de vez en cuando?

Crecer y vender más es estratégico, no podemos dejarnos secuestrar por el presente y tenemos que invertir en el futuro. La venta proactiva es un tema estratégico que tenemos que realizar muchas veces para que se convierta en operativo.

Cuando una persona se siente ahogada por tanta operativa, sabe en su interior que no está haciendo las cosas bien. De alguna forma siente que está poniendo el futuro de su negocio, equipo o empresa en peligro. Por este motivo la venta proactiva suena tan seductora para las personas cuando la escuchan por primera vez. Otra cosa es aplicarla de forma consistente.

¿Cómo podemos salir de este bucle de tanta operativa? Simplemente hay que hacer cuatro cosas: organizar, planificar, priorizar y enfocar. En este capítulo te hablaré de ellas.

Organizar la actividad comercial

La organización comercial tiene que ver con empezar a poner algo de sentido y orden en todo lo que hacemos. Si analizamos todo lo que llevamos a cabo en el día a día, nos daremos cuenta de que no aportamos todo nuestro valor durante todo el tiempo.

En muchas empresas todavía se dedica demasiado tiempo a clientes que no aportan valor y a los que convendría redirigir a otras empresas o servicios nuestros que consumen menos recursos. Lo que no tiene sentido es invertir unos recursos o personas muy costosos que podríamos dedicar a captar clientes altamente valiosos en gestionar cuentas que están poniendo en peligro el futuro de la organización debido a la poca rentabilidad que ofrecen.

Decidir organizar la actividad comercial es como animarse a ordenar el trastero: te das cuenta de que hay muchas cosas que no sirven, que hay que hacer mucha limpieza y que realmente solo importan cuatro cosas. En el terreno comercial podemos decir que esto también es así, pero para descubrir todo esto primero hay que atreverse a ordenar el trastero.

En caso de no hacerlo, viviremos tan agobiados con todo lo que hay por hacer que no podremos pensar en crecer. Te voy a contar una historia:

Había una vez un comercial muy exitoso en su carrera. Había logrado grandes ventas y se había ganado el respeto de sus colegas; sin embargo, sentía que había algo que le faltaba. Aunque vivía al límite y no paraba de trabajar en resolver todo aquello que se requería, ansiaba crecer más, expandir su negocio y llevar su éxito a nuevos niveles.

Un día escuchó la historia de un maestro zen que vivía en las montañas y que era conocido por su sabiduría y sus enseñanzas profundas, y decidió que lo mejor que podía hacer para encontrar las respuestas que buscaba era visitar al maestro.

El hombre emprendió un largo viaje, lleno de expectativas y preguntas. Al llegar al monasterio fue recibido por el maestro, un anciano con una calma y una serenidad que parecían irradiar sabiduría.

El comercial explicó su situación al maestro: «Maestro, he venido a ti porque quiero crecer. He logrado mucho, pero siento que hay mucho más que puedo hacer. ¿Cómo puedo expandir mi éxito y llevar mis ventas a nuevos horizontes?».

El maestro zen, sin decir una palabra, invitó al hombre a sentarse. Luego, comenzó a servir té. Empezó por la taza del visitante, pero cuando esta estuvo llena, continuó vertiendo el té. El líquido empezó a derramarse, primero lentamente y luego en un flujo constante que empapó la mesa y el suelo.

El hombre observaba con asombro cómo el té se desbordaba, atónito. Finalmente, no pudo permanecer en silencio y dijo: «¡Maestro, la taza está llena! ¡No cabe más té!».

El maestro zen dejó de verter y miró al hombre con una sonrisa tranquila. «Al igual que esta taza —dijo—, tu vida diaria está tan llena de tareas y preocupaciones que no puedes recibir nada nuevo hasta que no hagas espacio para ello».

El hombre se quedó en silencio, reflexionando sobre las palabras del maestro. Comprendió que, para poder crecer y alcanzar nuevos niveles de éxito, necesitaba organizar un poco su vida profesional, poner orden y hacer limpieza, para así poder hacer ese espacio al que se refería el maestro.

Acción proactiva

Piensa: ¿qué tendrías que dejar de hacer
o a qué deberías prestar menos atención para así
dar algo de espacio a que ocurra la venta
proactiva que necesitas?

Planificar la actividad comercial proactiva

Planificar implica definir las acciones y los tiempos para llevar a cabo una actividad comercial proactiva. Es evidente que hacemos actividad comercial muy a menudo, pero la actividad comercial proactiva tenemos que planificarla, pues de lo contrario no ocurrirá.

Pero ¿qué quiere decir esto? Que tenemos que decidir cuándo y cómo vamos a llevarla a cabo. Hay equipos que realizan actividad comercial proactiva porque es su día a día, pero la mayoría no son así, sino que tienen que ser ellos quienes la incluyan en su agenda.

Cuando dedicamos un espacio en la agenda y concretamos («Tal día a tal hora voy a dedicar tres horas a...»), entonces parece que empezamos a comprometernos más con la tarea.

Mi actividad comercial proactiva es muy poca, y como puedes imaginar no tiene nada que ver con la que tú puedes llevar a cabo, pero aun así la planifico: «El martes por la mañana dedicaré un bloque de dos horas a realizar actividad comercial proactiva».

Cuando lo hago, suelo cumplir; y cuando no planifico ese espacio, parece que la semana no deja tiempo para ello. Al planificar nos estamos comprometiendo; es una forma de decirnos a nosotros mismos que lo vamos a hacer.

Otra de mis actividades estratégicas consiste en escribir libros y grabar contenidos en forma de vídeos y pódcast. Confieso que, si no lo planificara todo con mucha antelación, no ocurriría. Suelo planificar cuándo voy a escribir un libro con unos tres meses de antelación.

Un profesional independiente necesita planificar sus acciones comerciales proactivas para que ocurran, y lo mismo un equipo comercial. A veces, y siempre que se pueda, es recomendable que todos planifiquen juntos los mismos espacios de tiempo. Trabajo con algunas organizaciones muy buenas en el terreno comercial que, por ejemplo, los lunes por la mañana, después de una reunión de equipo, dedican el resto de la mañana a realizar acciones comerciales proactivas. Estas acciones, junto con otras que van realizando durante la semana, les provocan un crecimiento significativo.

Cuando realizo una formación sobre productividad personal, suelo utilizar una máxima que resulta fundamental para gestionar bien nuestro tiempo: «Sin plan no hay resultados». Y es que la mejor forma de fallar en un plan es no haciéndolo.

Ahora, revisa tu agenda y planifica para la semana que viene dos espacios de tiempo (el número de horas dependerá de cada uno) para llevar a cabo acción comercial proactiva.

Priorizar la actividad comercial proactiva

Priorizar es más difícil de lo que parece, ya que, como sabes, nuestras actividades proactivas luchan contra una gran cantidad de temas pendientes. Esta priorización no puede ser al cien por cien, ya que el negocio y la actividad tienen que seguir funcionando, y cuando debemos elegir entre resolver una incidencia importante y urgente o hacer llamadas proactivas, primero va la incidencia.

A lo que me refiero con *priorizar la actividad comercial proactiva* es que debemos saber darle prioridad la mayor parte del tiempo.

Enfocar la actividad comercial proactiva

¿Has visto alguna vez una máquina de corte por láser cortar chapa de acero de 8 mm? Durante mi anterior carrera profesional vi algunas, y algo que me llamaba mucho la atención es la precisión y eficacia de estas máquinas. Existen máquinas de corte por agua o por chorro de arena, pero estas máquinas cortan por... luz. El láser es un haz de luz muy enfocada. La luz enfocada, esa que eres capaz de ver ahora a través de la ventana, tiene el poder de cortar chapa de acero de ocho milímetros. ¿De qué eres capaz tú cuando te enfocas?

La concentración es una herramienta clave para tener éxito en la venta proactiva. Enfocarse en una tarea a la vez permite al cerebro rendir al máximo, llevando nuestras capacidades a niveles superiores. La concentración mejora la calidad de nuestro trabajo y nos permite avanzar más rápidamente hacia el cumplimiento de los indicadores semanales o diarios. Si te concentras, avanzas; si no te concentras, te quedas atrás.

Siempre escribo mis libros en modo enfocado, es decir, reservo días concretos del año en monasterios u hoteles para poder llevar a cabo esta actividad tan grata. Mi día de trabajo escribiendo comienza sobre las seis de la mañana y acaba sobre las ocho de la tarde; entremedias hay unas ocho horas y media de escribir a pleno rendimiento. Identifico claramente cuándo estoy algo más disperso o despistado porque el conteo de palabras de ese período de tiempo es mucho menor.

El cerebro humano funciona de manera más eficiente cuando se dedica a una tarea concreta sin interrupciones. Los cambios constantes de una tarea a otra, también conocidos como *multitarea*, disminuyen la productividad. Cada vez que cambiamos de tarea, nuestro cerebro necesita tiempo para reajustarse, lo que se traduce en pérdida de tiempo y disminución del rendimiento.

Además, cuando nos enfocamos en realizar la misma tarea de manera continua, desarrollamos lo que podríamos denominar una *velocidad de crucero*. Es algo así como un estado de flujo que nos permite trabajar de manera más rápida y eficiente, ya que nuestro cerebro se adapta a la tarea y reduce el tiempo necesario para completarla. En la actividad comercial, esto se traduce en una mayor cantidad de llamadas realizadas, mejores seguimientos de clientes potenciales y una ejecución más efectiva de nuestras estrategias de venta.

Por todo esto me parece muy importante planificar esas horas y durante ellas cumplir con el plan. Al reservar bloques de tiempo para concentrarnos exclusivamente en determinadas tareas, podemos minimizar las distracciones y maximizar nuestra productividad. Estas horas deben ser sagradas para nosotros, un tiempo en el que evitamos interrupciones y nos sumergimos completamente en la tarea en cuestión.

Imagina que dedicas tres horas cada martes y jueves por la mañana exclusivamente a tu crecimiento comercial. Durante este tiempo, tu enfoque es absoluto, sin correos electrónicos ni redes sociales, solo tú y tus objetivos comerciales. Este nivel de dedicación te permitirá conseguir lo mismo que otros hacen en el triple de tiempo.

Acción proactiva

Ahora que ya sabes cómo te sueles poner la zancadilla para no llevar a cabo acciones comerciales proactivas, te sugiero que hagas un pequeño análisis sobre lo que debes hacer en estos cuatro campos analizados:

- Organizar
- Planificar
- Priorizar
- Enfocarse

«El tiempo invertido en planificación es tiempo ahorrado en ejecución».

25
Equipos comerciales proactivos.
El método MIRS

A lo largo de los años, muchos directores comerciales me han solicitado ayuda con sus equipos porque no lograban que en el equipo se alcanzara la productividad que ellos querían. De alguna forma se habían dado cuenta de que les faltaba método y compromiso para llegar a los objetivos marcados, y de que no disponían de las herramientas necesarias para lograr que el equipo cumpliera con el plan.

Los equipos comerciales necesitan ser productivos con las ventas, y para ello requieren desarrollar una metodología firme que los ayude. En este sentido disponemos de algunas ideas que realmente ayudan a un equipo a lograr un mayor avance y sentido de la responsabilidad.

Cuando estas ideas se utilizan juntas, podemos crear cierta metodología o forma de funcionar del equipo, que es compartida por todos y con la que todos se sienten en completa sintonía.

La metodología que hemos diseñado tiene nombre y se llama MIRS, el acrónimo para las tres tareas clave que un equipo comercial debe hacer periódicamente para lograr resultados.

Cuando un comercial funciona en solitario, los resultados no son igual de sobresalientes que cuando se siente parte de un equipo. Esta metodología es clave para lograr equipos comerciales de alto rendimiento. A continuación, te ofrezco y analizo el modelo MIRS.

Como ya te he comentado, el acrónimo MIRS se compone de tres partes:

(M)etas

Hemos hablado bastante de la importancia de las metas y los objetivos. Estos son lo que nos pide la dirección general de cualquier empresa: los objetivos de ventas, de rentabilidad de las ventas, las diferentes ventas de las distintas líneas de producto...

El equipo tiene que sentarse para conocer los objetivos y hablar sobre ellos. Esta es una fase necesaria a la que los líderes tenemos que dedicar tiempo. A veces lanzamos los objetivos en una reunión y nos olvidamos de hacer partícipes a los demás, de escuchar sus preocupaciones, de permitir cierta ventilación emocional, necesaria muchas veces y saludable para un equipo al que le acabamos de lanzar un reto importante encima de la mesa.

En ocasiones, sobre todo en las empresas más participativas, resulta interesante que el líder y el equipo diseñen conjuntamente los objetivos de ventas y se involucren desde el principio. Esta participación de todos los miembros del equipo genera compromiso en todos los componentes.

(I)ndicadores

Es evidente que no nos quedaremos solo con las metas, sino que invertiremos tiempo en definir qué indicadores serán los que nos harán cumplir cada meta. En esta fase es importante ir al grano y al detalle, para que todos estemos alineados con la forma de lograr las metas.

Lo más importante de los indicadores es que estos tienen que estar presentes en algún lugar, en tiempo real, la mayor parte del tiempo.

Imagina cómo sería jugar un partido de baloncesto sin saber cómo va el marcador. ¿Qué crees que ocurriría? A buen seguro que los equipos estarían confundidos y pronto se desmotivarían, anotando menos puntos y defendiendo peor.

En las ventas ocurre lo mismo: tenemos que saber cómo va el marcador y disponer de un tablero con los indicadores de nuestro rendimiento expuestos claramente. Es importante saber lo que hemos hecho y lo que nos queda por hacer.

Por otro lado, gracias a la tecnología esos indicadores pueden estar mejor presentados, mostrando porcentajes de consecución, velocímetros y otras cuestiones de diseño que suelen ayudar a que el equipo vea dónde se encuentra.

Lo ideal es que un comercial pueda acceder a los indicadores o verlos en un monitor en su oficina, pero también es muy recomendable que, mediante notificaciones *push*, se le pueda decir a cada comercial, al menos una vez al día, en qué estado se hallan sus indicadores.

Hay muchas posibilidades: desde sencillas hojas de Excel, hasta el uso de Power BI de Microsoft, pasando por aplicaciones más especializadas, como las diseñadas por mis amigos de Zeus Smart Visual Data, empresa que he visto nacer y conozco de cerca. Puedes contactar con ellos de mi parte y te atenderán estupendamente para diseñar los mejores tableros de indicadores para tu equipo comercial.

(R)eunión de (S)eguimiento

La reunión de seguimiento es un punto de contacto no negociable en el que, como equipo de alto rendimiento que somos, nos sentamos juntos para hablar sobre el cumplimiento de nuestros objetivos e indicadores.

Pero ¿por qué es necesaria esta reunión? El ser humano es gregario: pertenecer al grupo es importante, y cuando tenemos que reportar resultados a un grupo al que pertenecemos, aumentan nuestro compromiso y nuestra responsabilidad.

Quizás pienses que no todo el mundo necesita sentarse con los demás para compartir resultados, pero lo cierto es que son pocas las excepciones. Por lo general, a todos nos supone un plus de responsabilidad, y eso aumenta nuestro compromiso con el plan.

Esta reunión no tiene que estar liderada por el líder en modo directivo, sino que debe ser liderada de una forma participativa, a lo líder *coach*, pues las personas tienen que sentirse protagonistas y compartir sus resultados.

El líder:

- Fomenta la participación.
- Hace preguntas para reflexionar.
- Da *feedback* constructivo.
- Ofrece recomendaciones.

Y siempre desde una perspectiva cercana, positiva y en la que el objetivo es compartir y ayudar. Como puedes imaginar, si un día el líder es autoritario, al día siguiente las personas no tendrán demasiadas ganas de compartir sus cifras de ventas.

En esta reunión los comerciales pueden modelar a personas que son ejemplo de lo que quieren conseguir y encuentran apoyo si lo necesitan, aunque también pueden sentir algo de vergüenza positiva cuando no están cumpliendo lo que se espera de ellos.

La reunión de seguimiento más común es semanal, pero hay modelos de negocio y empresas que en una semana han avanzado poco y necesitan que esta sea mensual.

Un equipo comercial logrará un alto rendimiento si ha definido bien sus metas e indicadores y los visualiza a menudo, teniendo reuniones de seguimiento no negociables de forma periódica.

Cuando el equipo repite semana tras semana su reunión y en esta se actúa de forma efectiva, clara y concisa, el desempeño mejora notablemente.

Ya hemos comentado que introducir la venta proactiva va a ser difícil porque el equipo opondrá resistencia, pero si nos adherimos al modelo MIRS venceremos esa resistencia en pocas semanas.

Reflexión movilizadora

¿Qué podrías implantar del modelo MIRS
en tu empresa/equipo?

«El talento gana partidos, pero el trabajo en equipo
y la inteligencia ganan campeonatos».
MICHAEL JORDAN

26
La cultura comercial proactiva

Las personas nos desempeñamos mejor o peor dependiendo del entorno en el que nos encontremos. Cuando estamos en un entorno de bajo rendimiento, nos sentimos con menos ganas y nuestros estándares de rendimiento no son tan altos. Por el contrario, si formamos parte de un equipo comercial de alto rendimiento, entonces a buen seguro que seremos más exigentes con nosotros mismos y asumiremos más compromiso.

Cada equipo tiene sus señas de identidad o ADN, algo que condiciona la actividad del equipo, la forma en la que se comunica, los resultados y el clima de trabajo. A este ADN también lo podemos llamar *cultura de equipo*.

La cultura de un equipo resulta difícil de definir. Es algo así como si a un pez le preguntamos qué es el agua; no lo sabe porque vive dentro. A veces, desde fuera se puede percibir mejor la cultura de un equipo, al no estar condicionado por este.

Es importante, ahora que vamos a introducir cambios en nuestro equipo comercial, que podamos mejorar esa cultura de equipo, ya que le harán falta algunos ajustes.

Una forma positiva de introducir cambios en la cultura de equipo es a través de la creación de la alianza del equipo.

La alianza del equipo

Imagina que, junto con dos parejas más, tu pareja y tú vais a realizar un viaje a una ciudad durante una semana. De alguna forma todos vais a formar un equipo durante ese tiempo.

Llegáis a la ciudad en cuestión en coche, pasáis la primera noche en el hotel y a la mañana siguiente ves que una de las parejas se toma su desayuno con mucha más calma de lo que a ti te parece normal. Ha pasado ya una hora y cuarto y esas personas siguen desayunando con calma. Sin embargo, tú tienes prisa porque esa mañana queréis visitar la ciudad y sus monumentos.

En otro momento, tú y tu pareja proponéis un lugar para comer del que os han hablado muy bien; sin embargo, otra pareja se queja de que ese lugar es demasiado caro y prefiere buscar alternativas más baratas. Tú, que piensas que con la comida no se juega, te enfadas internamente porque, para una vez que sales de vacaciones, quieres tener buenas experiencias, incluidas las culinarias.

Al final las vacaciones no resultan ser como habías imaginado, y quizás tampoco son buenas para el resto, e internamente piensas: «¡Yo no vuelvo a viajar así nunca más!».

Es posible que recuerdes una situación similar o que te haya ocurrido algo parecido. Si lo analizas bien, verás que todos estabais en vuestro derecho de tener preferencias. Entonces, ¿qué ha fallado?

Pues que ha faltado un acuerdo sobre cómo queríais viajar juntos, una conversación para pactar formas de viajar, horarios, presupuestos y otras cuestiones. Y esto ha generado malestar y conflicto.

En un equipo comercial proactivo puede ocurrir lo mismo, pero como no somos *amateurs* y queremos que el viaje dure muchos años, nos vamos a preparar creando una alianza.

Una alianza diseñada por el equipo da a todas las personas que lo integran la oportunidad de expresar sus necesidades y promueve un consenso sobre la manera de estar en el equipo y de trabajar juntos.

¿Para qué sirve una alianza?:

- Para clarificar las expectativas de cada miembro del equipo.
- Para llegar a un consenso sobre la forma de trabajar juntos.
- Para favorecer que se genere un sentimiento positivo en el equipo.
- Para crear cohesión.
- Para establecer los acuerdos y normas del equipo.
- Para evitar futuros conflictos innecesarios.
- Para subir el nivel del equipo y pedir a los miembros un extra de compromiso con el grupo.

Una alianza incluye distintos acuerdos sobre la forma de trabajar juntos, que se van sintetizando y acaban en un documento en el que se indican estos acuerdos o formas de trabajar.

El momento ideal para formalizar una alianza de un equipo es cuando este se crea, pero también se puede crear (o modificar) a lo largo de toda la vida del equipo, ya que siempre será de utilidad y asegurará futuros resultados. Si quieres añadir proactividad a tu equipo comercial, te recomiendo crear una alianza.

En muchas ocasiones me han contratado para ayudar a un equipo a crear su alianza, ya que en este tipo de reuniones conducirlas bien y facilitar que todo salga adecuadamente no resulta sencillo, pues la opinión de algunas personas puede ser contradictoria y es necesario crear consenso. También la puede conducir el líder si dispone de habilidades para ello.

La forma de crearla es mediante una reunión cuyo principal objetivo sea la creación de la alianza. Una vez que el equipo conoce el concepto de alianza y para qué les servirá, le preguntaremos qué considera que necesitamos para trabajar juntos y cómo hacerlo para ser un equipo comercial de alto rendimiento.

Los diferentes miembros del equipo seguramente comenzarán a expresar sus opiniones, y la función del líder es sintetizar y llegar a algún tipo de concepto. Un ejemplo puede ser *compromiso*, término que habrá que explicar y definir para que todos entiendan lo mismo.

Pondremos especial atención y cuidado al crear la alianza del equipo en no sesgar la creatividad y los *inputs*, y al mismo tiempo nos aseguraremos de que se incluyan ciertos conceptos, porque finalmente el equipo necesita estar alineado con la dirección de este y con la empresa. Imagina cómo sería un equipo en el que en su alianza solo hubiera acuerdos como *buen rollo, diversión, fluidez*, etc. ¿Qué pasaría con los resultados?

En consecuencia, la alianza es una reunión conducida con el objetivo de generar cierto consenso sobre determinados comportamientos o actitudes clave que el equipo necesita para tener éxito.

La cantidad de puntos que tiene que haber no debe ser excesiva (más de seis quizás sea mucho), y se tienen que contemplar dimensiones relacionadas con todo lo importante para lograr un alto desempeño: clima, resultados, actividad comercial, actitud...

Si yo diseñara una alianza para un equipo ideal, ¿qué me gustaría que incluyera? Bajo mi punto de vista, un equipo comercial proactivo se caracteriza por estas cinco dimensiones:

1. **Proactividad comercial.** Buscamos constantemente nuevas oportunidades comerciales en clientes actuales y potenciales, actuando de forma metódica a través de indicadores concretos.
2. **Cero excusas.** Nos hacemos responsables de los resultados conseguidos y no invertimos tiempo en emociones tóxicas.
3. **Juntos siempre.** Nos ayudamos unos a otros, somos un equipo sólido que sabe que solo podremos llegar lejos si estamos juntos y si ayudamos a aquellos que más lo necesitan. Mañana, esa persona que necesita ayuda puedes ser tú.
4. **Interacción constructiva.** Comunicamos para aportar y sumar. Utilizamos una comunicación saludable y positiva.

5. Humildad. Siempre podemos mejorar, todavía no hemos llegado al destino; no nos lo creamos demasiado y trabajemos cada día de forma constante para conseguir nuestros sueños.

Lo realmente positivo de la alianza del equipo comercial es que nos servirá para fortalecerla en el futuro y para corregir desviaciones. Imagina que las personas no están actuando de acuerdo con lo que habéis pactado en vuestra alianza; sería positivo tener una conversación sobre ello, ¿verdad?

Acción proactiva

Si tienes un equipo comercial, es el momento
de convocar una reunión para crear
vuestra alianza de equipo.

Si no tienes un equipo comercial, es el momento
de que te sientes contigo mismo y decidas
qué acuerdos te gustaría que estuvieran
en tu forma de trabajar.

«Trabajar juntos significa éxito».
Henry Ford

27
Un camino
apasionante

Hemos llegado al capítulo final de este libro y siento que hemos recorrido un largo camino juntos. ¿Recuerdas cuando, al principio, te hablé sobre la **mentalidad** de la proactividad comercial y cómo después hablamos del **propósito**, que nos ayudaría a superar todas las dificultades? Y espero que también recuerdes la importancia de los **indicadores** en el proceso y sobre todo la necesidad de seguir el **camino**.

Si es así, recuerdas perfectamente nuestro acrónimo:

La **mentalidad** cuyo **propósito** es **indicarnos** el **camino**.

Ahora ya sabes todo lo necesario sobre proactividad comercial, pero ¿qué más te podría enseñar para que puedas ponerla en práctica?

Lo primero que me gustaría decirte es que apliques las enseñanzas de este libro contigo mismo o con tu equipo de forma paulatina, como si fuera una escalera muy alta de la que subirás los escalones poco a poco. Soy consciente de que, cuando deseamos hacer muchos cambios en poco tiempo, estos acaban por no funcionar como nos gustaría.

Así que analiza qué hay que hacer para cambiar y diseña el plan de cambio con todas las fases necesarias. Luego llegará el momento de ir actuando paso a paso.

Lo segundo que me gustaría transmitirte es lo importante que es sembrar. De pequeño mi madre me decía: «Siembra y recogerás», palabras que siempre llevo conmigo.

Sembrar significa esforzarse cada día por superarse, construir mejores relaciones con los clientes, hacer más clientes, aprender nuevas habilidades y enfrentar nuestras metas comerciales con entereza. Es entender que cada pequeño esfuerzo, cada llamada, cada paso dado hacia delante, contribuye a que seamos mejores personas. No siempre vemos los resultados de inmediato, pero cada acción suma.

No sé si he cultivado éxitos a lo largo de mi carrera, pero de lo que sí estoy seguro es de que he sembrado mucho y siembro cada día. Me centro mucho más en la acción de sembrar que en la de recoger. Quizás sea una disfunción, pero a mí me parece una forma muy motivadora de vivir, ya que, cada vez que nos dedicamos a sembrar, damos un paso más hacia nuestros sueños. La semilla que plantamos hoy puede convertirse en el árbol que nos dará sombra mañana. A veces hay que sembrar solo por el hecho de sembrar.

Una frase dice: «**Cuando una persona planta árboles a cuya sombra sabe que no se ha de sentar, ha comenzado a entender el sentido de la vida**».

La verdadera belleza de sembrar reside en hacerlo sin el ánimo de recoger de inmediato. Siembra, siembra, siembra, y algún día recogerás. Considero que se trata de actuar con generosidad y propósito, sabiendo que cada semilla tiene el potencial de crecer y prosperar en su tiempo. Una actitud de este tipo nos convierte en mejores personas.

Ahora que has leído este libro, me pregunto cómo te habrá ayudado, qué habrá despertado dentro de ti y cómo podrás aplicar lo que aquí has aprendido. Espero conocer tus comentarios, y estaré deseoso de contestarte si los recibo por cualquier medio o red social.

Por mi parte, ha sido un placer acompañarte hacia la proactividad comercial, y lo será todavía más poder ayudar a tu empresa o a ti personalmente en cualquiera de los programas de formación o conferencias que realizo periódicamente en diferentes partes del mundo. Si estás interesado en saber cómo puedo ayudarte, contacta conmigo. Estoy disponible en todas las redes sociales y me puedes buscar por mi nombre directamente.

Franklin Roosevelt decía: «**El futuro pertenece a quienes creen en la belleza de sus sueños**». Creo que tú y yo, que tenemos sueños, debemos creer más en ellos y en su belleza, para así construir un futuro en el que exista prosperidad y bienestar. Espero seguir ayudándote a lograrlo.

Con cariño,

CÉSAR PIQUERAS
www.excelitas.es
www.cesarpiqueras.com
excelitas@excelitas.es